JN039711

ポジティブシンキングにならないためなめに

狩野良規

国書刊行会

はじめに

まずは本書の変てこなタイトル「ポジティブシンキングにならないために」について。positive thinking にあらず、positive sinking である。キッチンシンクと言うように、sink は名詞で「流し」、動詞だと「沈む」。なので、〝前のめりに沈まぬために〟とご理解いただきたい。まあ、ジャパニーズイングリッシュにもならない一句ではあるけれど。

つまり、前と上ばかり見ていると危ないよ、時には横を向いて、下を見て、後ろを確認しながら生きていかないと、人生、危ういよ、と。また日本も、行け行けドンドンの時代ははるか昔に終わっている、右肩上がりだった二十世紀後半の成長神話を政府も国民も、もういいかげんに脱却しないと、かえって未来に負債ばかりを残すだろうに。さらには近代以降、傲岸不遜《ごうがんふそん》な人類の所業の果てに地球が疲弊しきっている、全世界の人間が発想を大きく転換しないと、持続可能(sustainable) な社会は築けないであろう、と。

人は昨日よりも今日、今日よりも明日の方が、より明るい人生に、より進歩した社会になると信じたいものである。けれども、この問題山積の現代、愛と希望と絆ばかり唱えても、いかんともしがたい。そう、僕はいつのころからか、夢を語るのが嫌いだと公言するようになった。いや、ほんとうは根拠のない夢は危険だと言いたいのだが。

なのに、学校では相変わらず子供たちに「将来の夢」を作文させ、スポーツの試合後にはヒーローインタビューでごく当たり前のように「次の夢は何でしょう」と質問が飛ぶ。でも、そこに「明るい夢が未来を作る」という刷り込みを感じてしまうのは、僕がへそ曲がりだからだろうか。

本書では、僕が生きる肥やしにしてきた書物、演劇、映画の解題を六十本綴《つづ》った。当初、愛読書や忘れえぬ舞台、繰り返し見ている映画を並べてみたら、どれも明るくない作品ばかり。そこでふと思い浮かんだのが、「ポジティブシンキングにならないために」という怪しげな表題であった。

教室で僕が冗談交じりに、でもけっこう本気でしゃべる話――「進学校や予備校の先生は夢を語れる。大学に入学させればいいんだから。しかし、ここは大学。君たちは卒業したら、実社会に出ていかなければならないんだ。明るい話ばかりしたら嘘になる。僕の話は〝人生の予防注射〟だよ」。また、「僕は明るさの押し売りが嫌い。この世の中、美しいものや感動的な話で、どれほど意図的に人生の、社会の真実が隠されているか」、さらに「世に残る名著・名作は、ほとんど〝後ろ向き《ネガティブ》〟だ。進歩史観のない僕と一緒に、新作ではなく、時代を越えて生き残った古い作品を鑑賞しよう」とも。

僕の座右の銘のひとつに、「我々にふさわしい幸福は、我々が非難するものに依存している（Our proper bliss depends on what we blame.）」（アレグザンダー・ポープ）ということばがある。皆が嫌うものが、人間の人生と社会を支えている。教育もそのひとつだと考えて、僕は学生の喜ばない内容の授業を四十年近く行なってきた。

よって、この漫談集は、僕のささやかな、しかし長年の思索の集大成だと思っている。と、まあ、こんなもんだ、僕の〝精神史〟なんて。ご笑覧のほど。

目次

はじめに　i

第1章　心の中

1　世の中は割り切れるか――『夜中に犬に起こった奇妙な事件』　13
2　文学と臨床心理――『村上春樹、河合隼雄に会いにいく』　17
3　精神科診療所――『精神』　21
4　精神科医がダウンして――『息子の部屋』　25

第2章　人生の目的

5　自由と自立――『自由からの逃走』　31
6　ラストはハッピーエンドじゃないだろう――『ティファニーで朝食を』　35

7　階級の違いにあらず――『コレクター』　39
8　政治の季節の終わりに――『赤頭巾ちゃん気をつけて』　43

第3章　青春の後ろ姿

9　青春のけだるさ――『八月の濡れた砂』　49
10　立身出世を求めて――『青春の蹉跌』　53
11　一九七〇年代の女子高校生――『桃尻娘　ピンク・ヒップ・ガール』　57
12　平成の心意気――『ファンシイダンス』　61

第4章　彷徨はつづく

13　成績の呪縛――『ペーパーチェイス』　67
14　触りたい――『ヴァイブレータ』　71
15　スレた大人の導き手――『赤ひげ』　75
16　現実をいかに作品化するか――『青年』　79

第5章　時代に抗して

17 本とインターネット――『もうすぐ絶滅するという紙の書物について』 85
18 親と子――『東京物語』 89
19 姥捨て山――『楢山節考』 93
20 近代への反逆――『ガンディー――反近代の実験』 97

第6章 第三世界

21 ストリート・チルドレンの挑戦――『スラムドッグ$ミリオネア』 103
22 高度経済成長の裏側――『いつまでも美しく』 107
23 植民地、そして独立後――『アルジェリア近現代史』 111
24 ヨーロッパの中の第三世界――『イゴールの約束』 115

第7章 戦争

25 日中戦争――『鬼が来た！』 121
26 ヴェトナム戦争――『ハーツ・アンド・マインズ』 125
27 アイルランド独立戦争――『麦の穂をゆらす風』 129
28 イラク戦争――『ルート・アイリッシュ』 133

第8章　戦争責任

29　図式的な理解でなく――『過去の克服』　139
30　誰がいちばんの悪党か――『オデッサ・ファイル』　143
31　止められなかった人間は加害者か――『ニュールンベルグ裁判』　147
32　何がどう裁かれたのか――『東京裁判』　151

第9章　仮面

33　プチブルを一皮むけば――『マッチ売りの少女』　163
34　巨匠の撮ったミステリー――『熊座の淡き星影』　167
35　神も善人も無力――『セチュアンの善人』　171
36　アメリカン・ドリームの向こう側――『アメリカン・ビューティー』　175

第10章　日常

37　日々の岩運び――『シーシュポスの神話』　181
38　原文で読む――『幸福論』　185

39 小さな恋の物語──『オリーブの林をぬけて』 189
40 生き埋めの人生──『しあわせな日々』 193

第11章 反体制

41 もの言えぬ王女の一言──『ローマの休日』 199
42 集団催眠への抵抗──『犀』 203
43 レジスタンスを語りたがらず──『リスボンに誘われて』 207
44 加害者意識──『悪人礼賛』 211

第12章 血縁

45 家族崩壊──『インテリア』 217
46 魂と腸《はらわた》──『叫びとささやき』 221
47 オイディプス外典《アポクリファ》──『薔薇の葬列』 225
48 憎み合う家族たち──『喪服の似合うエレクトラ』 229

第13章　セックス

49　執拗な性描写は何のため──『虹』　235
50　一流監督の撮ったハードコア──『愛のコリーダ』　239
51　障害者の性──『セックスボランティア』　243
52　芸術家と性愛──『ピアニスト』　247

第14章　死

53　現代左翼思想の葬送──『アレクサンダー大王』　253
54　道行き──『心中天網島』　257
55　粛清を描く手さばき──『太陽に灼かれて』　261
56　このくだらない人生を生きよう──『ダロウェイ夫人』　265

第15章　芸術家の心のうち

57　師匠を書く──『ある映画監督』　271
58　美しい音楽を生む心──『恋人たちの曲／悲愴』　275

59 芸術と政治――『メフィスト』 279
60 才能なきて滅びず――『アキレスと亀』 283
おわりに 287
作品名索引
人名索引

第1章

心の中

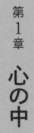

1　世の中は割り切れるか

『夜中に犬に起こった奇妙な事件』

二〇一五年八月、ロンドンのギールグッド劇場で『夜中に犬に起こった奇妙な事件』という長いタイトルの芝居を見た。演出マリアン・エリオット、二〇一二年八月にナショナル・シアターの小劇場コテスローで初演され、イギリス演劇界の最高賞たるオリヴィエ賞を七部門獲得（史上最多タイ）、大西洋を渡って一五年のブロードウェイでトニー賞五部門受賞。その話題作がウエストエンドに劇場を移してロングランされているのを、遅ればせながら観劇したわけである。

原作はマーク・ハッドンが二〇〇三年に発表した同名のベストセラー小説。アスペルガー症候群の少年の冒険談である。十五歳の少年クリストファー・ブーンの家の近くで夜中に飼い犬が殺される事件が起こった。犬の遺体のそばにいたクリストファーは警察に尋問される。少年は頭脳明晰そう、警官の質問にも理路整然と答えるのだが、なんかおかしい。イエスとノーがはっきりし過ぎている。ついに彼の腕をつかんだ警官を殴って逮捕される。

クリストファーは父親と二人暮らし。母は二年前に心臓発作で死んだとか。数学と天文学とシャーロック・ホームズを愛する。警察から釈放後、彼は通っている養護学校のシボーン先生に勧められ、犬を殺した犯人を推理するミステリー小説を書きはじめる。舞台では、時々先生がパソコンを見ながらクリストファーの書いた文章を読み上げていく。

少年はふだん付き合いのなかった近所の人たちに聞き込みをしてまわる。しかし、コミュニケーションがなかなか取れない。父親からは犯人探しなんてやめておけと言われる。クリストファーには人の表情を読んだり、心の機微を理解することはできない。白と黒だけで、グレーゾーンがない。比喩や婉曲表現は彼の頭脳回路には存在しない。

劇場で買ったパンフレットに載っていたオックスフォード大学の数学教授の記事によると、数学者には他の分野よりこの手の人間が多いとか。百％の確かさで証明できるものに美を覚える。僕のやっている文学のように、およそ世の中は割り切れない、右を向いても左を見てもグレーゾーンばかりじゃないかと認識している分野とは正反対なのである。

舞台は壁や床が電光板になっていて、クリストファーの行動や彼の葛藤をプロジェクションマッピングによって視覚化する。それは美しき数学と天体のイメージのようでもあり、その映像的世界に俳優たちの身体表現が呼応する。なるほど、二十一世紀風のモダンな作り。ユーモアもあり、重苦しくない、軽快な芝居である。

やがて、母親が生きていたことが判明する。犬の飼い主と不倫し、ロンドンへ駆け落ちしたらしいのだ。そして、犬を殺したのは、なんと父親だった。でも、そんな複雑な大人たちの事情がクリストファーに理解できるはずはない。後半は、ずっと保護されて育った少年が、母を訪ねて彼の住むスウィンドンからロンドンへ、広い世界へ向かう冒険物語になる。

もっとも、マーク・ハッドンは少年にアスペルガー症候群とレッテルが貼られたことに反発している。誰だって問題行動くらい起こすはずだ、と。イギリスは個人主義の国である。僕からみれば、人々はみごとにバラバラで、それをまた善しとしている社会だ。そんな英国でも、クリストファーは異端者になる。

翻《ひるがえ》ってわが国の、昔も今も変わらぬ〝同調圧力〟の強さ。政治的ならぬ〝文化的中央集権〟。皆が〝真ん中〟を楽ちんと考える。いや、国民性なんて自然に生まれるものではない。それは教育が生み出すもの。世界に冠たる画一化教育！　僕はこの教育体制の中で加害者にならぬよう、金太郎飴のような人間を生産することがなきよう気をつけてはいるつもりだ。でも、加害者になっていない自信はない。なにせ規格品を求める日本社会に学生たちを送り出さなければならないのだから。個性的な、トンガッている人間を育てるには胆力が要るのである。

そう、学生はマークシートの、〝正しい答え〟のある設問に慣れきっている。あんなもん、基礎学力をつけるためのエチュードに過ぎないのに。大学生は正解まみれの教科書の世界から飛び出す時期だ。けれども、答えのない世間を前に躊躇《ちゅうちょ》する彼らのメンタリティは、クリストファーのそれとほとんど変わらない。実にアスペルガー的！

だが、芝居に説教は禁物である。「アスペルガー症候群をもっと知ろう」なんてメッセージは、この作品には微塵もない。ただクリストファーのようなアウトサイダーから大人のふ、つ、う、の社会を見ると、こんな風に映るんだぜ、と。

しかし、ハイテクでビジュアルな舞台を堪能した後、台本を読んでみると、両親の気持ちが切々と書かれているのに気がついた。そうか、母親が不倫したのは息子の世話に疲れたからか、犬を殺した父親も妻に去られ、ひとりで子供の面倒を見なければならなくなり……決してクリストファーだけの目線で描かれた作品ではない。異端児に寄り添う人間の胆力についてもきっちりと書き込まれている。

終幕は冒険で自信をつけたクリストファーが、「僕はもう何でもできるよね」と語り、シボーン先生が肯定も否定もせず少年を見つめて、パッと照明が消える。イギリスの芝居らしく、作り手が結末をつけない、正解のない問いを観客に投げかけるラスト。秀作である。

2 文学と臨床心理
『村上春樹、河合隼雄に会いにいく』

村上春樹の小説を扱うと泥沼になる。愛読者も批評家も多い。僕の出番のあろうはずもない。けれども、臨床心理学者の河合隼雄との対談本『村上春樹、河合隼雄に会いにいく』（岩波書店、一九九六年、現在は新潮文庫）はぜひ紹介しておきたい。二人はよほど馬が合ったらしく、お互いに乗せ合いっこをしながら、重たいはずの話題について実に軽やかに対談している。コミットメントとディタッチメント、西洋人と日本人の意識・無意識の異同、人間の内面の暴力性、さらには男女関係から夫婦の問題など。いずれも答えのない難問ばかりである。

対談が行なわれたのは一九九五年十一月とあるから、阪神・淡路大震災とオウム真理教による地下鉄サリン事件があった、あの年。日本人が発想の転換を迫られた年である。

日本は戦後の焼け跡から復興し、六〇年代に高度経済成長を遂げ、その後七〇年代のオイルショックからもいち早く脱し、八〇年代はバブル期、だがそのバブルが弾けた九〇年代前半にガタガタッと来た。いや、経済だけでなく、日本人の精神構造のタガが外れたような人心の荒れ方とどんより暗い世相、それが現在まで続いているのではないだろうか。僕が変わったなあと思ったのは、あの二つの大事件のころから、臨床心理士や精神科医がオピニオンリーダーになりはじめたことである。後ろ向きの、しかも個人の内面を洞察する分野の人たちが世論を形成する一翼を担うようになった。河合隼雄が文化庁長官（二〇〇二―二〇〇七年）に就任したのはその象徴といえようか。行け行けドンドンからの転換、前のめりに沈む《ポジティブシンキング》ことがないように。だが、それがほんとうに我々の身についたかどうか。

河合に会いに行った村上は前書きで、河合を「決して自分の考えで相手を動かそうとしない」、「天才的な聞き上手」と称している。新しいタイプのオピニオンリーダーは人の話を聞ける人、そして相手に安心して本音――とくに後ろ向きの本音――を語らせる達人である。

村上が言う、「反抗しようにも反抗すべきものがもうそこにほとんど残っていない」時代になった、と。なるほど、平成さらに令和の世の中、頭ごなしに強権を振りかざす政治家も頑固親父も厳格な教師も、まず見かけなくなった。と河合は、かつて当たり前だった、既存の体制に対するアンチではなく、自分で「自分のスタイル」を打ち出し、それによって「既存の社会や文化の底を割って、それが姿を露呈してくるような若者のムーブメントが生まれてきてほしい」と返す。いいねえ、「個の自立」かくあるべしだ。

また、夫婦は苦しむために、「井戸掘り」をするために結婚するんだ、という話も意味深長である。「夫婦が相手を理解しようと思ったら、理性だけで話し合うのではなくて、「井戸」を掘らないとだめなのです」、「愛し合っているふたりが結婚したら幸福になるという、そんなばかな話はない。そんなことを思って結婚するから憂うつになる」、何度も結婚する人はたいてい「井戸掘りを拒否している」と。

怖い話、でも井戸掘りを三十年以上もやっていると、スッと納得できるから嫌になる。すべからく浮世の人間関係は気骨が折れる。そりゃ、自分が傷つかないように、あっさりと、無難に、上っ面だけの人付き合いに徹する方が、よほど快適だ。「君子危うきに近寄らず」、「触らぬ神に祟《たた》りなし」。しかし間合いを切ってばかりいられないのが人と人との関係、そしてその最たる間柄が夫婦である。つばぜり合いになった時の戦い方も熟知しておかねばならぬ。井戸を掘って、お互いの心の中を覗《のぞ》き込む。あな、恐ろしや。

ユング派の河合は、日本に「箱庭療法」を導入した人としても知られる。病んでいる人の作る箱庭はエネルギー量が違う、一方「いわゆる正常、健常といわれる人は、要するに、つまらないもの、逸脱のないものを置く才能を持っている」、だから見事に面白くないという話も、見事に面白い。頭で作った「つくりばなし」は全然ダメ、体が入っていない、だから迫力がない、深さがない、と。そう、優等生が上手に作った作品は、学校ではいい成績をもらえるが、人の心は打たない。上手に歌えば素人のど自慢では鐘三つ鳴らせるが、それだけではプロにはなれない。

では、〝上手〟を越える何かは、どこから生みだされるのか。芸術家のエネルギーは、しばしば自分のドロドロとした、ゴミ溜めのような、ネガティブな内面世界から噴出してくる。僕には一流のクリエイターは皆〝病人〟にみえる。河合は言う、芸術家は「時代の病いとか文化の病いを引き受ける力を持っている」。

小説の存在意義について。最近小説が力を失ったように思われているのは、他のメディアの提供する情報量が小説よりはるかに多い、情報を与えるスピードが小説よりとんでもなく速いからだ、と村上。それに続けて、しかし小説のメリットはむしろ、「その対応性の遅さと、情報量の少なさと、手工業的しんどさ」にある、「時間が経過して、そのような大量の直接的な情報が潮が引くように引いて消えていったとき、あとに何が残っているかが初めてわかる」。すると、それは心理療法のメリットと合致する、と河合が応じる。情報の過剰さが現代人の魂を深く傷つけている、カウンセリングはそんな一般的風潮とまったく逆のことをして、患者自身が「自分の物語を見出していく」のを援助することだ、と。

なるほど心の奥底に溜まった塵芥《ちりあくた》は、情報による対症療法だけでは一掃されないのである。

3　精神科診療所

『精神』

想田和弘監督の『精神』（二〇〇八年、アメリカ・日本合作映画）は、岡山県岡山市で山本昌知《まさとも》医師が古い民家を利用して開業している精神科診療所「こらーる岡山」の様子を映したドキュメンタリー映画である。台本なし、音楽なし、ナレーションなし、おまけに、おゝ、モザイクもなし。監督は自らの作品を「観察映画」と称している。

冒頭は、中年の女性がごくふつうの一軒家に入っていく。そこに白衣を着ず、ネクタイもせず、平服の山本医師が待っていて、「どんな状況？」と。女性は「友だちがいなくなりました、昨日、それで大量服薬してしまって」。目からは大粒の涙。「前にこういう体験ないん？」、「何度もあります」、「どう乗り越えたん？」アドバイスするというよりは、患者の話を聞きながら、彼女がどうしたら楽になれるか、導き出そうとする。でも患者は「もう死にたい」と泣きじゃくっている。診察が終わり、医師はティッシュを取って、彼女に差し出すと思いきや、自分の鼻をふく。深刻な場面なのに、ちょっとおかしい。

畳敷きの待合室には「終日喫煙可」と手書きの貼り紙があり、男たちが煙草スパスパ。本を読んでいる人、寝ている人。さっきの女性の手首が映ると、リストカットの跡。

いつも朝一番で診療を受けるという女性は、躁鬱病で自殺願望があると語る。彼女を連れてきた母親が黙って正座しているのが印象的。また、庭のベンチに座って診察の順番を待つ患者は、「鬱は苦しいもんですわ、経験した者でないとわからん」と。「死ぬことばかり考える。自分がダメじゃ思って、責め抜いてね」。診察室では、山本先生が彼女の話を聞き、「あんたは、どうしたらええと思う？」穏やかな口調でゆったりとかまえ、しかし患者の話は漏れなくメモする。

こらーるは近所にショートステイの施設を持っている。ビルの上階の部屋。自殺防止用の鉄格子などはない。スタッフが窓を開け放つ。そこに泊まりにきた女性は、二日間公園で野宿していた、と。若いころから母親と折り合いが悪かった。結婚し、子供を亡くし、幻覚を見るようになった。しかし話が進むと、自分の虐待で子を死なせた、と。十五年間抱えてきたものを、涙なしに、カメラの前で、モザイクなしに素顔で、ふつうの調子で話す。

この監督、どうやってこんなすさまじい体験談を引き出せたのか？

こらーるは、「ミニコラ」なる食堂と牛乳配達を行なう「パステル」を運営し、患者たちの自立を支援している。また、ホームヘルパーが彼ら彼女らの在宅支援を行なう様子も映される。食事の作り方を指導し、患者の家を掃除する。猫なで声とは無縁、自然体で優しく教える。

息抜きの、短い挿入カットがいい。白猫、痩せた犬、ダンゴムシ、駅の階段に座り込んでいる女子高生、軒下にぶらさがっている一枚の枯葉。

てきぱきと働くスタッフがステキ。帳面をつけ、患者からの長電話に付き合い、週末に患者が遊ぶための安い催しを探す。山本先生は年金をもらっているからと、月給十万円、道楽なのかな。私たちは先生よりもっともらっている、と職員たちが笑う。スタッフを多めに雇って、患者の話を聞く余裕をもたせているとか。そう、こういう発想が今、日本のあらゆる職場で失われつつある！

映画の中で患者に取材の目的を聞かれ、想田は「精神病の世界はカーテンの向こう側にある、そのカーテンを開けてみたい、僕自身も知りたい」と答えている。この監督、そんなに質問の仕方がうまいとは思わない。でも、ふつうの人なら敬遠して近寄らないのに、彼はカメラを持って診療所に上がり込み、フラフラしている。すると、人と接したくて、ほんとうは自分の話を聞いてほしくてたまらない患者たちがカーテンを開けて、カメラの前でしゃべる。

おかしいのは、劇場公開時のパンフレットにあった話。監督の助手をしていた奥さんが患者とのやりとりにダウンして、山本医師に面接を求めた。と、想田がその場を撮影しようとカメラを持ち込み、奥さんに「あなたのせいなのに」と激怒された。それでも監督は、「最高のシーンを撮りそこねた」と未練たっぷりだったとか。この人、メッセージ主導ではなさそう、ただ撮りたいのだ。それがいい。表現者根性。

詩と写真が好きな男性の患者。「「優しい」という字は、にんべんに憂いと書く。憂いが多い人ほど優しい。」山本先生とは二十五年間、高校生の時に勉強しすぎてダウンして以来の仲、名古屋で立ち往生した時には、先生にコレクトコールしたら、翌日わざわざ会いに来てくれた。「離れられん、恩がある。」照れて「はい、カット！」と、満面の笑顔で言う。「今を生きているんです、それで十分です、それがすべてです」、「ジキルとハイド。いつになったら僕から消えてくれるんですか、ハイドさん」、「自分の十字架が重すぎて、たくさんの人に支えてもらいながら生きています、ありがとう」。ハートウォーミングな一場！

だが、ここで終わったら、娯楽《エンタメ》映画と同じである。パステルの作業場に緑色のつなぎを着た患者が入ってきて、役所にクレームの長電話をかける。トラブッているらしいが、話は支離滅裂。パステルのスタッフは困り顔で、でもやりとりをさえぎらずに、距離を保ちながら見守っている。胆力の要る仕事。ついに患者が無免許のバイクで帰っていって、幕。

僕は『精神』を初めて映画館で見た時も、また何度ＤＶＤで見直しても、このラストがいちばん気に入っている。監督も「このエンディングしかない」と信じている終わり方だ、と。「あのシーンを入れることによって、やっと自分の見た印象と映画が合わさった。」

患者たちをふつうに支えているスタッフに、いや広く社会を下支えしている人たちに心からの感謝を！

4　精神科医がダウンして

『息子の部屋』

次も精神科医の話。イタリアのナンニ・モレッティ監督の『息子の部屋』（二〇〇一年、イタリア映画）は、カンヌ映画祭パルム・ドール大賞受賞作品である。

開幕は、港をひとりでジョギングする男の姿から。監督自らが演じる精神科医のジョヴァンニである。北イタリアの地方都市らしい。家に帰ると、息子アンドレアの通う学校から電話がかかってくる。実験室からアンモナイトが盗まれたとか。アンドレアに嫌疑がかかっている。ジョヴァンニはその心中はともかく、冷静に穏やかに対応する。結局息子のいたずらだった。人の心を洞察する分析医にも、思春期のわが子の内面はなかなか察せない。

ジョヴァンニが患者たちを診療する風景がなんとなくユーモラス。劇映画だからだろうか、ドキュメンタリーの『精神』とは異なり、迫真性がない。俳優たちがエキセントリックな役柄を楽しんでいるよう。家族でドライブをするシーンは、ジョヴァンニが下手くそな歌を歌う。やがて妻のパオラ（ラウラ・モランテ）、アンドレア、それに彼の姉イレーネが仕方なく一緒に歌うのだが、それがバラバラで笑える。アンドレアがテニスをする場面は、カメラが相手を映さない。そういえば、冒頭シーンもジョヴァンニひとりで走っている。人間は皆ひとり、ってか。また、イタリア人といえばワイワイガヤガヤとにぎやかなイメージがあるが、このインテリ家族はさにあらず。いや、ナンニ・モレッティは自ら出演して実に饒舌に政治でも社会でも批判する人だが、今回は精神科の医者、患者の話の聞き役だ。もっとも、日本の分析医よりはよくしゃべるが。

日曜日の朝、ジョヴァンニはアンドレアを、二人でジョギングしないかと誘う。すると患者のオスカーから電話で往診を頼まれる。医者は大変だ。息子は友だちとスキューバダイビングに出かける。そして、精神科医とその家族の、平和で平凡で、ちょっと退屈そうな日常を追っていた映画は、三十五分たって突然調子を変える。ジョヴァンニが往診から帰宅すると、アンドレアが潜水中の事故で死んだという。朝元気だった息子がもうこの世にいない。

病院に駆けつけたジョヴァンニの家族は、すでに棺に収まったアンドレアと対面する。このシーン、情緒的な音楽は一切なし。その分、棺の蓋を焼きつけるガスバーナーの音、ネジを留める電動ドリルの音が即物的に響く。邦画だったら、ベタベタの愁嘆場になるだろうに。また、事故の場面も埋葬の場面もなし、後で出てくるミサも神父の話がいかにも白々しい。ヨーロッパの左翼のインテリ監督らしい演出。人間の死に、なんの慰めもなし。人は息を引き取れば、物になると言わんばかり。

ジョヴァンニは夜の遊園地へ行き、喧噪《けんそう》の中で気を静めようとする。妻のパオラはベッドでひとり泣き崩れる。夫婦はベッドを共にしなくなる。両親を気遣うイレーネは気丈にふるまうが、学校のバスケットボールの試合でファウルをめぐって乱闘になり、出場停止となる。やっぱり平静ではいられない。この一家で、この映画で特徴的なのは、家族がそれぞれ別々に喪失感を埋める作業をしようとするところである。

そう、悲しみは人々の絆を強めるなんて軽々にステレオタイプ化されるが、それは願望であって、むしろ人間関係が壊れていく場合も多い。監督は結末を決めずに映画の撮影に入ったという。ジョヴァンニが聞いている音楽を何度も巻き戻すシーンがある。人生をリセットしたい、やり直したい。人は一生の間に何度か、取り返しのつかない経験をする。また、自殺願望のあったオスカーは癌になってから、かえって生きたいという気持ちが湧いてきたとか。僕は初めて『息子の部屋』を見た時、モレッティらしい皮肉な映画だと思ったが、なるほど突然息子に死なれる話だ、診療の場面はこれくらい諧謔的にしておかないと、見ていられない。

患者の心の傷を癒す仕事をしているジョヴァンニが、自分の心を鎮められなくなる。彼は分析医を辞める決心をする。夕方の街をジョヴァンニが歩く。車にヘッドライトがつき、背景にブライアン・イーノの「バイ・ディス・リバー」が流れる。ちょっと情緒が入る。

ある日、夏のキャンプでアンドレアと一日だけ知り合ったというアリアンナが弔問に訪れる。息子にほのかな恋心を抱いた少女は、アンドレアが彼女に送った写真を持っている。彼が自分の部屋でくつろいでいる写真。親の知らない、こんな幸福そうな笑顔をした息子がいたのか。子供部屋は、ひとりになれる場所、ヨーロッパの個人主義を象徴する空間である。

アリアンナがそんなに美人ではないのがいい。ごくふつうの女の子。しかもボーイフレンドとヒッチハイクの途中に立ち寄ったのだという。一家は結局、夜中に車を飛ばして、フランス国境まで二人を送っていく。若者たちは後ろの席で寝てしまった。だが、ジョヴァンニはパオラに「君は寝るな、起きていろよ」と。息子が死んで以来、初めて穏やかな微笑みを妻に見せる。

ラストは、三色旗が立った朝の国境で二人をバスに乗せた後、家族が海岸をそぞろ歩く。個人主義の一家だ、親子三人一緒ではない、近寄りすぎず離れすぎもせず、その距離感が絶妙。バックには「バイ・ディス・リバー」が静かに軽やかに流れる。家族の心がまた寄り添いはじめるかもしれない、その兆候を見せて、幕が下りる。

〝泣かせ〟の映画が大嫌いな僕が、このラストはとてもステキだと思う。見るたびにハッピーな気分になれる。ヨーロッパ映画の終幕は「さらに人生は続く」が常道。ジョヴァンニの家族もアンドレアのいない人生を歩み続ける。三人の今後に幸あれと、エールを送りたくなる。

第2章

人生の目的

5 自由と自立

『自由からの逃走』

古典は常に新鮮である。二十世紀とともに本格的にスタートした心理学も、早、古典と呼べる本を幾冊も世に送り出している。一九〇〇年という区切りのいい年に発表されたジークムント・フロイトの『夢判断』しかり、そして社会心理学者エーリッヒ・フロムの『自由からの逃走』（日高六郎訳、東京創元社、一九五一年、原著一九四一年）もすでにスタンダードな文明批評の書として江湖《こうこ》の評判を得ている。

フロムはナチスに追われてアメリカへ渡った人である。第二次大戦中に出版された『自由からの逃走』、その執筆の動機は第一次大戦後、ワイマール共和国の自由主義の時代に、ドイツの民衆がなぜヒトラーに傾斜していったか、その心理的背景を探ることにあった。そう、ヒトラーはクーデターではなく選挙によって政権の座に就いた。もろもろの経緯はあったにせよ、大衆の支持なくして首相にはなれなかったはず。史上最も民主的と謳われたワイマール憲法のもと、人々は大いなる自由を手に入れたはずなのに、政治的・経済的に不安定な状況にさらされると「寄らば大樹」、気がつくとヒトラーの独裁を許していた。それはアメリカのような民主主義を標榜する国でも、あり得る大衆心理だよ、と。

だが、『自由からの逃走』が面白いのは、目の前の現実を語るだけでなく、ルネサンス以来のヨーロッパの近代人が「個」を発見し「自我」を追求し、また王侯貴族による圧政に抵抗して自由を求める戦いを繰り広げてきた、それなのに自分たちが勝ち得たはずの自由を持て余しているではないかと、壮大なスケールで近代人の葛藤を論じている点である。

曰く、「外的な支配を廃止すること、それだけで、個人の自由という宿望を獲得するために、必要であるばかりでなく、十分な条件であるように思われた」、しかし「自由とはたんに外的な圧迫のないことであろうか。あるいはまた、なにものかが存在することであろうか」［傍点は原文ママ］。

そして第二次大戦後、日本にも進駐軍によってピカピカの民主主義が持ち込まれ、やがて『自由からの逃走』は大学生の必読書となった。よく読まれたのだ、「五月病」にかかった学生たちによって。大学入学の喜びが去った五月、「ここはどこ？　私は誰？」なんて深刻な顔をして自問を始める大学生は、二十一世紀の今日に至るまで後を絶たない。学生はそうした「自己喪失《アイデンティティ・クライシス》」に陥って、初めて受験という外圧の有難さを知る。自分の外にいる敵と、それも難敵と戦うことは、ロマンティックで英雄的な聖戦にほかならない。だが、そんな束縛から解き放たれた状態をすなわち「自由」と呼べるのか、それとも自由とは「なにものかが存在すること」なのか。

大学生の中には「大学はもっと社会のために役に立つ実践的な知識を教えてほしい」とクレームをつける者もいる。けれどもそれは結局、受験に代わる「レディ・メイドの目標」を求めているにすぎない。社会のどんな方面で自分を生かしたいのか、自分の将来を何に賭けてみたいのか、そうした自分の「内なる目標」をもう少し模索しながらでないと、本人がほんとうに役に立つと納得できるものは見えてこない。

　ふたたびフロム曰く、「近代人は自分の欲することを知っているというまぼろしのもとに生きているが、実際には欲すると予想されるものを欲しているにすぎない」、そして「ひとが本当になにを欲しているかを知るのは多くのひとの考えるほど容易なことではない」、「それは人間がだれでも解決しなければならないもっとも困難な問題の一つである」と。

　僕はフロムを読み返すたびに、いつもホッとするのである。なんだ、個が自立していないのは日本の大学生だけではないんだ、西洋の近代人たちも何世紀にもわたって同じ心理的葛藤を経験してきたのか、と。

　フロムによれば、教会や国家などの権威を脱しても、人々は良心や常識や世論といった「匿名の権威」の餌食になってきた。わが身は自由であると思い込んでいるが、その実、目に見えぬ強大な権威によってがんじがらめにされ、心の奥底に深い無力感と孤立感を抱えている。となれば、個の自立を捨て、自らものを考えることを放棄して、他人の期待に従う「自動人形」となっていく。そこをヒトラーにガブリとやられた。

　心理学は人間の〝心の裏側〟を推しはかる学問である。フロムはデモクラシー、自由、個人主義といったピカピカのことば、ないしは概念に潜むカラクリを暴いてみせる。なんと意地悪な。だが、前のめりに沈まぬためには、それもまた重要！

　自分を愛せる人間は少ない。利己主義とは異なる、フロムのいう「自愛」の精神を獲得するには、自らの頭で考え、自らの足で立てる人間にならねばならぬ。他人も自分も愛し、また外圧などなくとも自発的に創造的な仕事をこなせる人間になろう、それこそが「積極的な自由」の意味するところだ――と、必ずしも自信がありそうには思えないが――フロムは、真の民主主義実現への処方箋をそう呈示する。

「能動的な思考から生まれてくる思想は、つねに新しく独創的である。」しかり。天が下に新しきものなし、だが自ら思考する中から紡《つむ》ぎ出した思想はいつも新鮮である。古典が常に新しいのも、そのためである。

もっとも、情報の海で溺れている今日の我々。フロムが八十年近く前に憂えた「より多くの事実を知れば知るほど、真実の知識に到達するという悲しむべき迷信」は、さらに広まっている。「「情報」だけでは、情報のないのと同じように、思考にとっては障害となる。」残念ながら情報化社会に生きる我々は、ますます周囲への同調を強いられ、自分が本音で望む自分になりづらくなっているといわざるを得ない。

6 ラストはハッピーエンドじゃないだろう

『ティファニーで朝食を』

民《たみ》がそれぞれ自己実現して、自らの主《ぬし》になっている、そんな人間の集合体こそが真の民主主義だ！　ヘッヘッヘッ、美しい考え方ではあるが、現実はそれほど甘くない。フロムの処方箋が今ひとつ具体性に欠けるのも、むべなるかなである。そこで、前のめりならざる芸術たる文学はむしろ、自立していない輩《やから》が試行錯誤し、七転八倒する姿を好んで描く。

『ティファニーで朝食を』――オードリー・ヘップバーン主演のハリウッド映画（一九六一年）でご存じの方は、おシャレで涼やかで透きとおったラブコメとお思いだろう。ファーストシーンは早朝にヘップバーンがタクシーでティファニー宝石店に乗りつけパンをかじる、ラストは雨の中で猫を抱きながら彼氏とキスをする、うっとりと夢見心地のハッピーエンド。バックにはロマンティックな主題歌「ムーン・リバー」の調べ。

でもトルーマン・カポーティによる同名の原作小説（一九五八年）は、ニューヨークを舞台に自由奔放で破天荒な生活を送る女の、しかし一筋縄ではいかない「自分探し」の様子を、さまざまなエピソードを連ねて描く。

「私」――龍口直太郎訳は「私」、村上春樹訳は「僕」――が、十何年か前、第二次大戦中のころを回想する話。イーストサイドのアパート、自分の真下の部屋に彼女は住んでいた。ホリー・ゴライトリー（Holly Golightly）。もうすぐ十九歳とか。細身で健康的、石鹼とレモンの清潔さが漂っている。センスのいい服。いつもサングラスをかけている。と、色気ムンムンのお水系ではないが、社交界で男たちにたかって生きているらしい。スレてはいない、純粋そう、けれどもこんな大人になりきっていないフワフワとした女がいちばん始末に負えない悪女ともいえる。気まぐれで空想癖があり、自分が信じるものは、何でも本気で信じてしまう。彼女に手を焼かされた男のひとりは、「本物のいんちき女だ」と。

ホリーだけでなく、彼女を取り巻く面々がなかなか個性的。ホリーに気のある大金持ちのラスティ・トローラーは、未成熟な、赤ん坊のお尻のような顔をしている。ホリーが毎週刑務所に面会にいくマフィアの親分はサリー・トマト。ヘヘエ、暗黒街のボスの名が、そんなかわいいはずはないだろう。ホリーはお駄賃をもらっているからではない、牢獄で自由を奪われている老人に同情しているから通っている。また、アパートに出入りする背高のっぽのモデルは、吃音《きつおん》でおつむが弱い田舎者、しかし男がかばってやりたいタイプだとか。名はマグ・ワイルドウッド、〝野生の林〟だ。

おっと、ホリー・ゴライトリーは〝聖なるお気楽者〟と読める。自由人、名刺には「旅行中」とある。居場所を定めずってか。でも、拾った猫を飼っている。やっぱり寂しいんだ。けれども名前はつけない。所有したくない、自分には名前をつける権利はない。

一人称の「私」も、小説中に名前は出てこない。作家志望で貧乏暮らし、カポーティの分身ともいえるが、主人公にあらず、せいぜいが狂言回し。彼にはとてもホリーは御せない。もっとも、映画ではハンサムガイのジョージ・ペパードが扮し、準主役としてヘップバーンのお相手を務めているが。

ホリーは勝手に私をフレッドと呼ぶ。彼女の最愛の弟（龍口訳）ないしは兄（村上訳）がフレッド。大戦に兵士として従軍中だ。子供のころ両親に死なれ、引き取られた家で邪険にされ、二人で逃げ出し、盗みに入った家の主人、獣医のゴライトリー氏に育てられた。やがてホリーは十四歳になるころ、妻に死なれたゴライトリー氏の後妻となる。だが、テキサスでの不自由のない生活を捨てて、ある日彼女は姿を消した。

そのゴライトリー氏がニューヨークにホリーを訪ねてくる。彼女は優しく、しかしもうあなたの家には戻らないと言って、年の離れた夫をひとり西部行きの長距離バスに乗せる。

ホリーはテキサスからハリウッドへ行ったのだとか。けれども、女優への道が開けたその時、求めているものが違うと言って、ニューヨークへ去った。世俗的な成功を追うのではなく、名声やステータスを欲しがるのでもない。とにかく自由でいたいのだ。

私に鳥籠をプレゼントするエピソードがある。でも生きものを入れてはダメだと。猫だけでなく鳥も縛りたくない、自分も縛られたくない。いつも旅行中、根なし草でいい。

ティファニーが好きな理由も、どうやら日本人のブランド指向とは異なるようだ。ホリー――いや、むしろカポーティ――は〝赤〟が嫌いで、ティファニーは資本主義が許容する無駄な贅沢の象徴らしい。自由とは無駄を許す余裕、ってか。

だが、さすがのホリーも落ち着きたくなったのか。ブラジル人の上流階級、ホセとまっとうな恋愛をし、そして思い込んだら百年目、あっという間に彼の子を身ごもる。しかし、サリー・トマトとの一件でホリーが新聞を賑《にぎ》わすと、臆病なホセはスキャンダルを恐れて、母国へ帰ってしまう。ホリーは子供を流産し、でもブラジル行きの飛行機に乗る。そういえば、小説の冒頭では、ホリーがその後アフリカに姿を現したらしきことが語られている。彼女は安住の地を求めず、永遠に自由を夢見て放浪しているのかもしれない。

と、私だけでなくホリーもまた、終生かっ飛びつづけたカポーティ――早熟で天才肌でスキャンダルまみれ、おまけに同性愛者であることを、まだカミングアウトするのははばかられる時代に公言した――の分身である。彼は自らを投影したヒロインの物語を悲劇に終わらせず、彼女に「自分探し」の旅を続けさせた。それはカポーティのロマンである。

翻《ひるがえ》って、映画のラスト。私に「君は僕のものだ《ユー・ビロング・トゥ・ミー》」――原作の主題とは正反対のセリフ――と言われ、指輪を渡されて、ホリーは色男の胸にスッポリ収まってしまう。意図的な誤読、ただのラブコメ。甘美な映画は小説とは別腹、いや別物。まあ、ヘップバーンはかわいいから、あれはあれでいいんだけど。

＊翻訳二種類。トルーマン・カポーティ『ティファニーで朝食を』龍口直太郎訳、新潮文庫、一九六八年／村上春樹訳、新潮文庫、二〇〇八年。原著は一九五八年。

7 階級の違いにあらず

『コレクター』

真の自分を探して旅を続ける人間はまだいい。深いコンプレックスを抱き、人と接するのが苦手で、内にこもりがちな青年が、大金を手に入れたら……ジョン・ファウルズの『コレクター』（小笠原豊樹訳、白水Uブックス、一九八四年、原著一九六三年）は、蝶々を収集するのが趣味のフレデリック・クレッグが、二十歳の娘を誘拐し監禁する話である。

イギリスの小説だから、「階級」が顔を出す。被害者のミランダは医者の娘、成績優秀でロンドンの美術学校に通っている。年は二十歳、美人。中流でも上の方だ。一方の加害者は、市役所の事務員とあるから、下層中流階級か、労働者階級といってもいいかもしれない。女遊びは一度もしたことがなく、まじめといえばまじめな二十代半ばの若者である。

ところが、この内向的で持てないフレッドが、サッカーくじで七万三〇九一ポンドの大穴を当てる。あれま、持ち慣れぬ金は怖いよ～。フレッドは人里離れた田舎に古くて大きな家を買う。円天井がある地下室はかつては教会堂だったのか。その地下室を改装する。そして、遠くから眺めているだけだった高嶺の花の女性を車で尾行し、クロロホルムを嗅がせて誘拐する。蝶々を捕らえるように。

地下室に閉じ込められたミランダは、身代金目当てか、はたまた暴行されるのかと怯《おび》えるが、そうではないらしい。内気な青年は紳士的にふるまう。フレッドはいきなり、「愛しています」と。最悪の求愛。女が男を見透かすようになるのに、それほど時間はかからなかった。

ふたりの奇妙な生活が始まる。フレッドは名前を聞かれ、とっさにファーディナンドと答える。ヘヘエ、ミランダとファーディナンド——イギリス人なら、シェイクスピアの最晩年のロマンス劇『テンペスト』の中で、愛し合う若い男女の名だとピンとくるはず。でも、ミランダは彼をキャリバンと呼ぶ。同作に登場する未開の島の野蛮な怪物の名前だ。

ある日、ミランダは十枚の絵を描き、フレッドに一番いいと思う絵を選べ、と。彼は「美術学校の優等生」の絵を選ぶ。違う、いい絵はこれ、果物について何か言おうとした瞬間を捉えたこの作品がいい、とミランダ。だが、キャリバンには未完成としか見えない。

ミランダは何度か逃亡を試みるが、成功しなかった。斧で彼を一撃しようとしたが、それも失敗した。

フレッドはミランダの写真を見る。写真は口答えしないからゆっくり眺められる。ホリー・ゴライトリーは猫を飼っていた。同じく孤独なフレッドは、しかし動くものは安心できない。だから、蝶々の標本を愛し、写真にホッとし、でも動的な絵画は好きになれない。

監禁が二カ月を過ぎ、ミランダは憔悴《しょうすい》していく……

と、この作品は全篇の半分を過ぎぬうちに、事件の結末近くまで語り終える。そこまでは、犯人のフレッドが語る一人称小説である。だが、抜群に面白いのは後半、実はミランダが密かに日記をつけていたという設定で、地下室内の出来事を彼女の視点から語り直す書簡体小説になる。日記にはフレッドのことを、魚みたいな目をし、表情がない、慇懃《いんぎん》無礼で、謝ってばかりいると、クソミソに記されている。話し方は卑屈で、頭の回転が遅い。いったい人は、劣等感があると、対等な人間関係を築けないものである。フレッドは絶対的に優位なはずなのに、ミランダに真っ直ぐなもの言いができない。そして、いつも彼女にやり込められる。

ミランダはサリンジャーの『ライ麦畑でつかまえて』をフレッドに貸す。彼が主人公に共感するだろうと思って。おっと、『自由からの逃走』を小説に書き直すと、『ライ麦畑でつかまえて』になる。ご存じの方も多かろう、食うに困らず、自由を得ているはずなのに、アイデンティティ・クライシスに陥っている若者の深き苦悩を描いた大ロングセラー。ファウルズは、このアメリカ青春文学のバイブルを意識していることを隠さず、自身イギリスのサリンジャーとも評された。

だが、おかしいのは、キャリバンがその小説を気に入らなかったこと。主人公は周囲に適応しようと努力していないじゃないか、と。フレッドは鏡に映った自分の姿を読み取れない。笑える。いや、我々も同じかもと思うと、素直には笑えないか。

ミランダはフレッドに生理的な嫌悪感を覚えながら、自分が熱をあげていたG・Pのことを日記に書き連ねる。二十歳以上離れた左翼のインテリ画家で、彼の芸術論にミランダはぞっこん。技術的に上手な絵を描くのは画家として最低の条件だ、でも自分の体が入っていないと、芸術はダメなんだ。芸術は残酷なものだ、絵は心の奥底に向かって開かれた窓だから。ヘッヘッヘッ、河合隼雄・村上春樹のご両人なら、健常ならざる、病的な部分が必要だと言うところだ。

つまり、ミランダがフレッドに浴びせた批判の数々は、自分がG・Pから酷評された時の話の受け売りだった。中流のお嬢様は、一九六〇年代の反体制思想にかぶれただけの平凡な人間なのがわかってくる。芸術を志し、しかし個性のない絵しか描けない。自分を卑下するフレッドを蔑《さげす》みながら、彼女も自らの上昇志向に実力が追いつかずに悶々《もんもん》としている存在。前半では加害者と被害者と思われた関係が、一皮むけば階級の上下も教養の有無もへったくれもない、二人の間にはそれほど大きな差異はないよ、と。

振り向けば二十一世紀のわが国も、世の中との折り合いがつかず、人と深く交われず、傷つくのを過度に怖がる人間が多くなった。引きこもり、のぞき、盗撮、痴漢、ストーカー、児童殺傷、監禁事件……半世紀以上前にイギリス人が書いた『コレクター』は、現代日本の病理をえぐった最先端の小説に思えてならない。

8　政治の季節の終わりに

『赤頭巾ちゃん気をつけて』

青春時代の愛読書で、しかしだからこそ後になって読み直すのをためらう本がある。あの時の心のときめきをふたたび感じられなかったら、どうしよう。そっと記憶の中に封印しておこうか。庄司薫の『赤頭巾ちゃん気をつけて』（中央公論社、一九六九年、のち文庫、新潮文庫）は僕の高校時代の愛読書、還暦を迎えて四十数年ぶりに恐る恐る読み返し、しかしあらためて心が躍った。僕がいかに庄司薫の影響を受けていたか、自分で考えついたつもりでその後学生たちの前で何度もしゃべっていたことに、なんとこの本からパクッた話が多かったか。

一九六九年の東大入試は、安田講堂をめぐる学生たちと機動隊の攻防戦のあおりを受けて、中止となった。「過激な六〇年代」の最後っ屁のような衝撃的事件だった。作者と同名の主人公で日比谷高校三年生の庄司薫は、当然東大を受験し、そして合格するはずだったエリート候補生である。その薫君が梅の花咲く同年二月に、急にやることがなくなって自らの存在理由《レゾンデートル》について深く思いをいたす青春小説。その年の三月に書かれ、五月に発表され、七月に芥川賞を受賞した。時代の気分をリアルタイムで描いて、大ベストセラーになった。

薫君は優等生でお行儀がよくて、とびきり健康な若者。自分は将来を計算した安全第一主義者で、冒険ができず、非行動的インテリの卵で……と、ブツブツ、グダグダ、しかしどこか余裕をもって、ほんわかとした、ちょっと甘えた饒舌体で語る。一人称は「ぼく」。この小説あたりからだ、自分を「ぼく」だなんて、軟弱な呼び方をするようになったのは。そして、僕が「僕」という一人称を使うようになったのも、どうやら薫君の影響らしい。

　また、作家庄司薫は、本の裏表紙の写真にカジュアルな黒のとっくりセーター姿で映り、小説中の薫君と一体化していた。そして、おゝ、気恥ずかしきかな、僕も学生のころ、同じルックスを好んでいたのを思い出す。

　一九六〇年代は、アフリカ諸国の独立、レヴィ・ストロースの人類学、サルトルのノーベル賞拒否、ヴェトナム反戦、公民権運動、ウーマン・リブ、パリ五月革命、大学紛争、文化大革命などなど、西洋中心主義と近代文明の問い直しが唱えられた硬派の時代である。既成の価値観をすべてひっくり返すんだと、世界各国の若者たちがシュプレヒコールを繰り返していた。

　けれども薫君が好きなのは、シェイクスピアとゲーテ、それに『椿姫』と、保守本流のものばかり。インテリは反体制が当たり前だった政治の季節に、コンサバな文学をこよなく愛する。また、ガールフレンドの由美は、幼稚園のころからの幼なじみで、清らかな関係。薫は彼女の恋人というよりは用心棒みたいなもの。さらに、怪しげなパーティに行っても、女性をナンパできない。心の中では、色情狂か強姦魔に近いのにと独りごつ。

　小説中に描かれる彼の挫折は天下国家の大事とはほど遠い。小学校一年生の時から飼っていた雑種犬のドンが死んだ。それから、スキーのストックを蹴飛ばして、左足の親指の爪をはがしてしまった。薫は包帯の上から大きなゴム長靴を履いて、由美ちゃんとのテニスの約束を断りに行く。

そんな、大したことは起こらない、実にゆるい作品である。だが、薫君の人柄も小説の文体も柔らかそうにみえて、やはり学校群制度になるまでは東大合格者トップだったナンバースクールの雄、日比谷高校（旧府立一中）の秀才。学校の目の前に国会議事堂があり、将来はお国の仕事に就くべく、社会を背負って立つべく、西洋風にいえばノーブレス・オブリージュ（高い身分にともなう義務）を胸に抱いた有望なる青年の話である。

ちなみに、僕は旧三中、両国高校。卒業生には芥川龍之介をはじめ文人が多く、政治家はほとんどいない――いても、六〇年安保の年に刺殺された浅沼稲次郎くらい――なのを善しとした。そんな都立のナンバースクール同士、薫君には同じ匂いがするのである。

で、のどかで等身大の日常話とも思えた青春物語は、薫の友人の小林が訪ねてくるあたりからちょいと調子が変わる。小林は日比谷の〝芸術派の総帥〟で、慶應志望、小説家をめざしている。おやつに出された桜餅をバクバク食べながら、威勢よく薫にからむ。おまえのような正統派が東大に行かないのは困る、俺のペースメーカーなんだから、きちんと権力や組織の中心になるべく育ってもらわなくちゃ。でも俺には、今回の東大の騒ぎで、ほんとうの敵が見えてきた。それはおまえたちじゃない、時代の流れそのものだ。現代は感情ばかりに訴える、刺激の強いものばかりを求める、反知性の「狂気の時代」だ、と。

薫は小林が帰った後、兄貴が以前に書いた「馬鹿ばかしさのまっただ中で犬死しないための方法序説」なる論文を思い出す。また、同じく兄が、悪名高き東大法学部は「みんなを幸福にするにはどうしたらいいのか」を考えるところだと語った発言を反芻する。社会に反抗するのも、ヘルメットとゲバ棒ではあまりに格好よすぎる。自分は真の実力がつくまで、この馬鹿ばかしいことのみ多い世の中で、どうやって己の知性を磨いていこうか。

自己喪失《アイデンティティ・クライシス》に陥った若者の饒舌体の小説といっても、『ライ麦畑でつかまえて』の主人公ホールデンや『コレクター』のフレッドのつぶやきは、いわば脱落組の愚痴である。それが世に受けるのはわかる。だが、保守派の優等生にだって悩みはあるよという話を小説にするのは、ことのほか難しい。東大の入試がなくなって、突然自らのアイデンティティを模索せざるを得なくなった薫君――一九六九年には、まさにタイムリーなアイデアだったが、それだけではなく、『赤頭巾ちゃん気をつけて』には、過激な政治の季節の後に求められた真の社会改革への〝夢〟があった。それは自由でしなやかな知性の力を信じるところから始まる。

庄司薫のそうした思想は、軽くて、伸びやかで、やや甘ったれた新しい文体で語られねばならなかった。小説の内容と文体はピタリと一致している。薫君のモノローグは、行動的で政治的で過激な紛争世代をうらやましく思う一方、彼らへの反発も強かった七〇年世代の僕の心に、深く沁《し》みわたった。

＊庄司薫はその後、『さよなら怪傑黒頭巾』（一九六九年）、『白鳥の歌なんか聞こえない』（一九七一年）、『ぼくの大好きな青髭』（一九七七年）と、赤黒白青の薫君四部作を書き上げて自らの青春小説シリーズに封印し、小説界を去った。

第3章

青春の後ろ姿

9 青春のけだるさ
『八月の濡れた砂』

庄司薫がたおやかな知性に託した未来への希望にもかかわらず、一九七〇年代は決して明るい時代ではなかった。前のめりに沈むどころか、後ろにのけ反らんばかりに虚無感が漂っていた。

そんな七〇年代の入口の気分を体現した映画に藤田敏八監督の『八月の濡れた砂』（一九七一年）がある。いや、時代の空気ばかりでなく、映画界もカラーテレビに押されて斜陽産業に転落、青春映画で一世を風靡《ふうび》した日活はこの作品を最後に、ロマンポルノしか制作しなくなった。

僕は多感な高校生のころに、このけだるい《アンニュイ》映画を見た。どこの映画館だったか覚えていない。二本立てだったか三本立てだったか。いくつかあった僕の行きつけの名画座のひとつだったのは、たしか。ずいぶん話題になった作品である。その後も〝あの伝説の映画〟みたいに呼ばれた。とくにラストシーンは、僕の青春の原風景のひとつとなった。

野上健一郎が退学になった高校にやって来る。眉《まゆ》をひそめて彼を見ている先生たちの前で、校庭にあったサッカーボールを蹴り、窓ガラスを割る。大人社会にプロテストするぞ〜、ってか。ここで「八月の濡れた砂」とクレジット。野上に声をかけた彼の同級生、高校三年生の西本清が夏の湘南の海岸をバイクで飛ばす。海に虹がかかっている。バイクを倒し、砂の上に寝そべって、空を見上げる。あゝ、青春ドラマ。

と、そこに五人の不良たちがオープンカーで近づいてきて、若い娘を投げ下ろす。車が去った後、女は引き裂かれたワンピースをサッと脱ぎ捨て、全裸で海に入って、体を洗う。清が声をかける、「何人にやられたんだい」。

清は娘をバイクの後ろに乗せ、兄貴が経営する海の家に連れていく。彼は実家に帰り、タンスから義姉の服を失敬し、海の家に戻ると、女は消えていた。そんな調子で始まる若者たちのひと夏の物語である。

乱暴された女、三原早苗を演じたのはテレサ野田。当時十四歳、沖縄生まれで——おっと、沖縄がまだアメリカ統治下にあった時代の映画だ——ちょいとエキゾチックな顔立ち。また、反逆児の野上に扮したのは村野武範である。彼はこの映画の翌年、テレビの学園ドラマ『飛び出せ！青春』で、問題児ばかりのサッカー部を率いる熱血先生を演じて、お茶の間に顔を知られた。それを考えると、村野がサッカーボールを蹴る不良を演じているのは、なんかおかしく思えてくる。

さらに、西本清役はイケメンの日活スター、沖雅也でクランクインしたが、バイクを倒すシーンで骨折して降板、まだ無名だった広瀬昌助が急きょ抜擢されたのだという。これがよかった。スターのいない映画は、若者たちの青春の苛立《いらだ》ちを見せる群像劇となる。

海の家に早苗の姉、三原真紀がねじ込んでくる。彼女は清が妹を暴行したと思っている。清は怒って真紀に襲いかかるが、抵抗されて途中でやめる。彼はまだ女性の経験がないらしい。

早苗の保護者を任じる真紀が、しかし茶髪にサングラス、ミニスカート姿だったり、時にヒッピースタイルだったりするのが、時代を感じさせる。姉妹は木骨組みのりっぱなお屋敷に住んでいる。ブルジョワの娘なのだ。野上や清たちが、姉妹の家に入ってきたコソ泥（山谷初男）を縛り上げ、髪を切り、早苗が犬にエサを与えるように食事を男の口にもっていく、その若者たちの残酷さ。

また、同級の優等生がガールフレンドと海岸の廃船の陰――いいオブジェだ――で結ばれようとしているのを、野上が清と覗《のぞ》き込んではやしたてる。女はそれを苦に死んでしまう。だが一方で、清はほれ込んだ早苗と泳ぎに行き、沖合で彼女に「好きなんだぜ」と。無軌道さと純情さと、両方が混在する若き日々。

湘南。日活青春映画のスタートをきったのは、石原裕次郎のデビュー作『太陽の季節』（一九五六年）と彼の初主演作『狂った果実』（一九五六年）、いずれも湘南が舞台だ。それから、一九六〇年代東宝のドル箱「若大将シリーズ」のスター、加山雄三も茅ヶ崎で育ち、湘南のイメージを色濃くにじませた。さらに、七〇年代後半からは同じく茅ヶ崎生まれの桑田佳祐がサザンオールスターズを結成、「湘南サウンド」を長く奏でつづけている。

そうした湘南の太陽と海に、どこか倦怠感を漂わせるのが『八月の濡れた砂』である。三島由紀夫が自衛隊決起を促して割腹自殺したのが一九七〇年、連合赤軍による浅間山荘事件が七二年。翌七三年は、ヘッヘッヘッ、かぐや姫の「神田川」かな。政治的挫折の後は、もう優しさしか訴えるものがなく、同棲が流行《はや》った時代の「四畳半フォーク」。そして僕らは、非政治的で無気力な「シラケ世代」と揶揄《やゆ》された。その七〇年代の心性《マンタリテ》を最初に嗅いだのは、このアナーキーな青春映画からだった。

終幕はヨット。野上と清が二人の姉妹と海へ乗り出す。やがて男たちはムラムラッときて、船室の白い壁をペンキで真っ赤に塗りたくる。真紀が怖くなり、デッキへ出ていく。野上が早苗と清をにらみ、清が決心したかと思うと、「違うんだよ、表が先だ」と声がかかる。えっ、姉ちゃんの方をやっちゃうんだ。

男二人が真紀に馬乗りになると、早苗が猟銃をかまえ……他愛ないといえば他愛ないＢ級映画。けれども、今でも脳裏に焼きついているのは、カメラがヨットから遠ざかっていくヘリコプターからの空撮の映像と、それにかぶさる石川セリの主題歌「八月の濡れた砂」。あの若かったころ。青春のけだるさ！

10 立身出世を求めて

『青春の蹉跌』

『青春の蹉跌』――タイトルがいいじゃないか、本書のテーマにもピッタリだ。僕がこの作品を知ったのは、左翼過激派による三菱重工ビル爆破事件のあった一九七四年に封切られた同名映画（神代辰巳監督）によってだった。だから、七〇年安保以後のシニカルな世相を反映した物語かと。しかし、石川達三の原作は一九六八年に『毎日新聞』に連載された新聞小説。政治の季節の真っ只中に発表されていた。

その石川達三の長篇小説（新潮文庫、一九七一年）は、時代の文脈を越えて若者の精神的な歪《ゆが》みと挫折を描く。

裏街の小さな居酒屋で、法律を専門とする大学生四人が安い酒を飲みながら議論している。彼らのはてしない議論はほとんど抽象的で、観念的。社会がどうの、政治がどうの、人生がどうの、革命がどうの……今でもよくある風景である。もっとも、社会主義が遠い歴史のかなたに追いやられた感のある現代、革命は話題にならないかも。代わりに恋話《コイバナ》が入るか。

三宅は左翼学生、来たるべき革命の日を情熱的に語る。資本主義を倒すんだ、人間革命には教育しかない……だが、三人称小説の語り手は言う、社会はいつの時代も大人たちのものだ、大人になりきらない青年たちには一種の違和感がある、と。

小説は冒頭、三宅が中心人物と思いきや、ほどなく彼の熱き資本主義打倒論を聞いていた江藤賢一郎が主人公とわかる。江藤は、革命なんか来やしないと信じている。この愚劣で低俗で猥雑な社会でどう生きていくかを考えるべきだ。生きていくことはすなわち妥協することだ。一体どれだけの法律が民衆の行動を規制しているか、民衆の大部分はほとんど法律を知らず、しかし知らない法律によって拘束されている。法律を知れば、法律を味方につけることができる。また、三宅は自分より有能だが、彼が左翼運動をやっているかぎり俺のライバルにはならない、安心してみていられる、とも。

江藤賢一郎は、社会の勝利者となるべく司法試験合格をめざす。

この小説、最初はちょいと固くて読みづらいのだが、それは二十二歳の頭脳明晰な、でも三宅とは違う意味で頭でっかちな賢一郎の論理と目線で現実を描写しているからだ。文体に慣れると、彼の思考回路を通した社会や人生の姿がひとつの読みどころとなってくる。

江藤は家庭教師をしていた生徒、大橋登美子と付き合っている。頭の悪い、子持ち女のような豊満な体つきとある。笑った時の口のかたちに品がない、天性の媚態《びたい》をもつ、とも。あ〜あ、こういう女は危ないよ、とくに江藤みたいな世間知らずな秀才には。

江藤と登美子はスキーに行き、肉体的に結ばれる。彼にとっては初めての体験。江藤は愛について、性行為について、観念的に考える。二人の関係はその後もズルズルと続く。

賢一郎は父に死なれ、実業家の伯父から学費の援助を受けている。伯父は末娘の康子を将来有望な甥っ子と結婚させようとしているらしい。学費もそのための投資か。康子は美人ではないが聡明な、良家の子女という感じの娘だ。通俗な登美子とは違う、と。

司法試験の短答式の試験が近づき、江藤は従兄に会いに行く。彼もまた司法試験を狙っているが、これまで三度落ちている。彼は二十七歳、結婚して子供が二人いる。青春の恋愛によってつまずいている。今度失敗したら、田舎の教師にでもなるつもりだとか。江藤は彼の貧乏で卑屈な生活ぶりを見て、俺はこうはならないぞ、と。登美子とのことも気をつけなければいけない。

短答式試験に合格した賢一郎は、次の論文試験に挑む。その間、康子が距離を保ちながら様子をみているのがわかる。資産家の娘の気位の高さに、彼は反発を覚える。試験に受かるか落ちるか。結婚はまだ白紙だ。

江藤は康子と自分との間に階級の差を感じる。だが彼は階級闘争を計画する代わりに、非支配的プロレタリアの自分がブルジョワ階級に入っていこうとする。そうだ、それが俺の階級闘争であり、復讐なのだ。

賢一郎はみごと司法試験に合格する。しかし登美子の妊娠が発覚する。もう四カ月に入っている。おかしいな、受胎の時期が合わない。論文試験を前にして交渉を絶っていたころなのに。登美子は子供を産みたいと懇願し、賢一郎はついに箱根の山中で……

ドストエフスキーが『罪と罰』で創造した頭でっかちな元法学生ラスコーリニコフが連想される。もっとも、登美子にソーニャの聖性はないが。さらに似ているのはセオドア・ドライサーの『アメリカの悲劇』（一九二五年）であろう。僕の好きな小説、イギリス作家ジョン・ブレインの『ルーム・アット・ザ・トップ』（一九五七年、邦訳名および映画タイトルは『年上の女』）も〝階級闘争〟のために女を犠牲にする青春ものだ。なるほど、いずこの国にも、同じような話が転がっているわけで。

わが国が二十一世紀になってから導入した法科大学院《ロー・スクール》と新司法試験も、法律の知識だけでなく世の中を広い視野で見渡せる人材の育成をめざしたようだが、さてその〝改革〟の成果やいかに？ また、最近は立身出世なんて流行《はや》らなくなったけれど、大人たちは相変わらず若者を各種の試験、試験で縛ろうとし、学生たちも大学紛争の時代よりはるかに従順にそれに従っている。だけど制度や試験の改変で、どれだけ人間の質が向上するか。僕は長く教育現場にいる身として、その点に関しては極度に否定的な見解しか持てない。

世慣れぬ江藤は警察に逮捕されると、落ちるのも速い、速い。あげくに刑事からは、登美子のお腹の子は他の男との間に宿した子供だと知らされる。賢一郎の頭に去来したのは、殺人を犯したことへの悔悛ではなく、出世栄達の道を失ったことへの悔恨だった、と。

あゝ、青春の後ろ姿！

11 一九七〇年代の女子高校生

『桃尻娘　ピンク・ヒップ・ガール』

大学の三年生か四年生のころ、クラスメートの女の子に映画に誘われた。ポルノ映画なんだけど、ひとりでは行きづらいから一緒に行ってくれ、と。池袋の文芸坐地下だったかな。安かったけれど、決してきれいな映画館ではなかった。世にいう名画座というやつだ。

見た映画は『桃尻娘　ピンク・ヒップ・ガール』（一九七八年）。監督は小原宏裕、原作は橋本治のデビュー小説。

都立高校の終業式の日。教室で先生が通信簿を生徒たちに返している。明日から春休み。しかし、榊原玲奈（竹田かほり）は成績も二学期より上がっているのに、憂鬱な顔をしている。月のものがない。原因はあの時の——街で白塗りの外車に乗った大学生の先輩に声をかけられた。サングラスをかけて格好をつけた、いかにもチャラそうな兄《あん》ちゃん。「家まで送っていくよ、乗れよ。」で、あっという間にラブホテルへ。玲奈ちゃん、スパッと脱ぐ。なにせポルノ映画だ！　でも、遊び人風の先輩、ひとりでイッちゃう。それにシーツには血が。「なんだよ、初めてか。」先輩はコンドームもしてくれなかった。「これはゲームだからさ、これっきりだな」、「どう、快感あった？」アホッ！　好きでもない奴と初体験におよんで、しかも妊娠の心配まで。

教室から出た玲奈は、「あっ、来たかな!?」トイレに駆け込むが、違った。ここでタイトルが出る。クレジットの間に、玲奈は信州行きの特急に乗る。

玲奈のクラスメートで、同じ団地住まいの田口裕子（亜湖）が失踪した。奥手の彼女は同級生の大西君とやっとファーストキス、だがその後はぎこちなく体を求められ、ついに彼と結ばれる。ところが大西君に「コンドームつけて」と言ったら、「君、こういうの、慣れてるの」と聞かれて傷つく。自分が不純に思えてしまい、旅に出た。信州なら安曇野がいい、と裕子は言っていた。アンアン・ノンノ風。それで玲奈は裕子を探すべく、あずさ二号に乗り込んだ。

こういう青春物語は、たいてい主人公が地味で奥手、早熟な友人に指南されて成長するものだが、この映画は、桃尻娘こと玲奈がかわいくて明るくてさばけている。一方の裕子は、個性的な顔で体はムッチリ系、玲奈に対抗心あり、劣等感あり、いつもグジグジしていて、「レナちゃ～ん」と甘ったれた声を出す。

また、玲奈が気に入っている数少ないクラスの男子に、木川田君がいる。ちょっとハンサムで髪もきちんと七三に分け、でもそっち系で、十分間の休み時間を無駄にせず、バスケット部の恋する先輩の教室に通い、黙って見ている。たまたま雨宿りに木川田君とお茶した玲奈は、あれこれ彼に聞く。「好きだよとか、キスするとか、ないわけ?」、「ない」。男同士の純愛。玲奈は、オカマの友だちができたことに誇らしさを覚える。

玲奈は裕子を追って、信州から金沢へ向かう。列車の中で赤ん坊を連れた男女と相席になる。男は刑務所から二年ぶりに出てきたところらしい。彼はおっぱいをやっている女の下半身に手をやる。

男が立ち上がり、女は赤ん坊を玲奈に預けて、後を追う。ヤクザは車中のトイレで彼女を乱暴に……女、山田時江を演じるのは日活ロマンポルノのスター、片桐夕子だ。そして、男はロック歌手の内田裕也。乗り換え駅で玲奈にあいさつする時江が、実に晴れやかな顔をしている。ひさしぶりに抱かれた女の表情。なるほど、これがポルノ女優の実力だ。

金沢に到着した玲奈が、喫茶店に入る。その店のボケボケの顔をしたウェイターに扮しているのが、原作者の橋本治だ。「とめてくれるな、おっかさん、背中のいちょうが泣いている、男東大どこへゆく」――安田講堂陥落の二カ月前、一九六八年十一月の駒場祭のポスターが、当時東大在学中の橋本治を一躍有名にした。

『桃尻娘』の原作小説も、機関銃のように気風《きっぷ》のいい戯言が続く。「アンタの顔から知性探し出すの、金田一耕助だって至難の技よ」、モモジリと言われて、「あたしのプライドがイカダに乗って流れてくわ」。橋本は、しつこく猥雑さにこだわった、だってそれが〝現実〟だから、と語る（講談社文庫版、あとがき）。彼はふざけ、戯れ、しかしそうした猥雑なことばの中に、女子高校生がふだん心中でつぶやいているであろう本音を潜ませる。それが橋本文学の現実感《リアリティ》の源泉だ。

翻《ひるがえ》って、今日に至るまで変わらぬ日本の学校の〝建前オンリー〟主義。絵に描いた餅以上に食えぬ道徳を説得力なく振り回す。べき、べき、べき。結果、学校は大切なことは何も教えない場に零落している。しかも、二十一世紀の若者たちは無駄な反抗はしない、黙って大人たちの妄言をやり過ごす。彼らが夢中になるゲームは仮想現実だが、学校はそれ以上に仮想の世界だ！

お話は映画。金沢で玲奈は裕子と再会するが、宿が見つからずに時江の家に転がり込む。が、時江の連れ合いのヤクザは人を刺して、ふたたび刑務所へ。時江が生活に困って売春を始め、その現場を目にした裕子はまた傷つき、京都へ。玲奈が追いかけると、なんと裕子はお爺さんに抱かれ、二万円もらった、と。裕子は一気に性に目覚めちゃった。

さらに、木川田君が先輩と京都旅行を楽しんでいる場面に出くわす。ひょんなことから、玲奈はホテルでそのオカマの先輩に抱かれる。あっ、シーツに血が。「初めてか」と先輩。でも、玲奈は大喜び、裸で跳ね回る。「やった〜」、生理が始まった。

おっと、この成人映画を一緒に見たクラスメートは、なぜか今僕の同居人になっている。これを〝前向きに沈められた〟というべきか!?

12 平成の心意気
『ファンシイダンス』

一九七〇年代の日本はオイルショックの影響を受けた不況期、左翼勢力はゲリラ化してテロを繰り返し、一般学生は非政治化《ノンポリ》して、シラケ世代とも呼ばれたことは、すでに触れた。そんな停滞期を脱すべく（?）、今日のゲームの走りたる「インベーダーゲーム」が出現したのが七八年、東京ディズニーランドの開園が八三年。大学生も前世代のようにシラケていても仕方ない、遊べ、遊べ。「大学レジャーランド化」と揶揄《やゆ》された。

そして経済は一九八〇年代、対米輸出が急増し、円高、地価高騰、株価は平成元（一九八九）年に史上最高値を付けた。〝バブル〟である。だが、狂乱の、浮かれ騒ぎのバブルは、いつかは弾ける。案の定、平成とともに崩壊した。

海外に目を向ければ、一九八九年十一月にベルリンの壁が崩れ去り、米ソ冷戦が終結する。歴史的な時代としての二十世紀は、第一次大戦に始まり、東欧革命で終わりを告げたといえるだろう。平成は西暦より早く二十一世紀を迎えた。

と、そんな昭和末期のあだ花たるバブル期とその後の長い長い平成不況の端境期《はざかい》に、おっ、新たな平成の世の心意気を示す映画が現れたなと僕が思ったのが、周防正行監督の『ファンシイダンス』（一九八九年）だった。原作は岡野玲子のマンガ。

開幕は主人公の塩野陽平が、清々しき青春歌「若者たち」をおとなしく歌っている。と思ったら、途中からロック調に。ライブハウス。大学生活最後のコンサートらしい。陽平は髪の毛をバリカンで剃ってもらう。断髪式ってところか。演じるは、シブがき隊解散直後の本木雅弘ことモックン。ヘエ〜、アイドルが坊主頭になっちゃうんだ。仕上げは恋人の赤石真朱《まそほ》（鈴木保奈美）が大きなカミソリでツルツルに。

時は映画封切り時の現在、浮《うわ》ついた世の中——そう、人々がバブル崩壊を実感するのはまだ数年先だ——にあって、陽平君は前のめりに沈まぬため、実家の十代目住職を継ぐべく、山寺での一年間の修行を決意する。

イケメンの弟、郁生も一緒に入山する。父さんを見てると楽勝って感じだもん、と宣《のたま》って。だって、ゴルフはやるわ、檀家とカラオケに興じるわ。あれっ、恋人の運転する真っ赤なスポーツカーでやってくる修行僧もいる。煩悩ありありの若者たち。

山門に寺の名が刻まれている——浮雲山明軽寺。チャラ！

新参の僧侶たちは、さっそく古参の北川光輝（竹中直人）らに鍛えられ、いびられる。所持品を検査されると、ウォークマン、さらに神社のお守りも出てくる。仏教の修行に神様はどうも。午前三時に起床。座禅では古参に警策《きょうさく》で叩かれ——だが肩にクッションを入れているのを見つかり、一層叩かれる。粥の食べ方や寝方まで決まっている。廊下を雑巾がけすれば、高僧を転ばせてしまう。美人の女僧が若者たちのあこがれの的。

お寺での日常生活、さまざまな作法や戒律を、陽平たちの七転八倒の修行風景に交えて軽快に見せる。

古参たちは自室に戻れば、タバコを吸い、ビールを飲んでいる。美青年の郁生が古参に馬乗りになられたところで、陽平が部屋の電気をつける。兄は弟に、「おまえ、危ない橋を渡ってるんじゃないだろうなあ」。人の世にはすべて表と裏がある。

老住職の南拓然（村上冬樹）がおかしい。仏の道を極めた老僧には見えぬゆるゆるとした風貌と生活ぶり。僧侶たちも彼の説法を聞く時は、リラックスを通り越して、最低のお行儀。と、拓然がおならをし、「ブッというのは仏なりけり」。爺さん、何考えてんだか。

女僧の部屋から菓子を盗みだし、東司《とうす》（便所）でひたすら食べる新参たち。腹いっぱいになると、むなしくなってくる。毎日俺ら、何をやってんだ、悟りのかけらくらいはわかると思ったのに。一年間の修行も安定した住職の仕事を得るための方便と割り切りながら、でもやっぱり人徳のそなわった高僧たちと交われば、と期待した。ところが、僧侶もまた人なり、と痛感させられて……おっと、デブの新参、珍来が食い潰れて、寝てしまった。

初めてお山を下りて、托鉢をする日が来た。街で施《ほどこ》しを受けながら、「お茶しない」と女の子をナンパする陽平。はては男四人でキャバクラに入ると、そこにはなんと、カツラをかぶって変装した古参の光輝がいる。ホステスたちに評判の悪いスケベな客だとか。

陽平は他の修行僧たちから隔離され、老住職の行者《あんじゃ》（世話係）を仰せつかる。拓然と陽平は魚のいない庭の池に釣糸を垂れる。彼はついにあと三日で山を下りるというその時、住職から首座《しゅそ》（修行僧のリーダー）に指名される。「ここらで本当の修行をしてみなさい」と。二カ月以上の延長修行の末に、法戦式《ほっせんしき》で首座は修行僧二十五人と禅問答をする。

法戦式の日。陽平の父親も真朱も友人たちも、彼の晴れ姿を見にやって来る。禅問答――といっても、観衆に見せるためのイベント、光輝も「迫真の演技で見る者に感動を与えるんだ」と語る――が始まる。しかし、問答が終わらんとした時、高僧が待ったをかけ、「修行中の身でありながら、たびたび女人と会っていることを問う」と。陽平は慌てず騒がず、穏やかな顔で、「あるがまなり」。ヘッヘッヘッ、いいじゃないか。けれども、恋人の凜々《りり》しき姿を見つめていた真朱が立ち上がり、彼に近寄ろうとするが、足がしびれてよろめき、陽平が抱きかかえる。真朱が目をつぶる、陽平が唇を合わせる……

懲りない平成の若者たち。最後まで我慢も反省も改心も成長もせず、でもそこにほのかな〝反権威〟の空気を漂わせて、ステキ！――と感心していたら、平成ももう終わっちゃった。あゝ、今は昔の物語。

第4章 彷徨はつづく

13 成績の呪縛
『ペーパーチェイス』

　成績の呪縛。ジェームズ・ブリッジス監督の『ペーパーチェイス』（一九七三年、アメリカ映画）は、ハーバード大学の法科大学院《ロー・スクール》を舞台に、厳しい授業と試験に悪戦苦闘するアメリカのエリート大学院生たちを描いたハリウッド映画。僕が受験生だったころに見て、あこがれを抱くとともに、身につまされた青春群像劇である。

　冒頭は無人の教室。クレジットタイトルのうちに学生たちが契約法の授業に集まってくる。ロー・スクールの新学期、学生たちの席はあらかじめ決められている。学生の顔写真が貼ってある座席表を見ながら、キングズフィールド教授（ジョン・ハウスマン）が学生を当てる。「ハート君」――声が小さい、立ちなさい、大きな声で君の知性を示したまえ。授業初日にすでに課題が出ていて、ハート（ティモシー・ボトムズ）はそれに答えられない。「今日の授業はイントロダクションだけだと思ったのだろう。」

　教授にコテンコテンにしぼられたハートは、トイレに駆け込んで吐く。キングズフィールド教授は四十年間、教え子を狂わせてきたとか。寮で先輩に忠告される、ここでは成績がすべてだ、死にもの狂いで勉強しろ、就職にハーバードの名前は役に立たない。

教授曰く、私は講義はしない。ソクラテスの問答法、すなわち一問一答を繰り返して、君たちに自分で考える力をつけてもらう。社会の複雑な事実関係を分析する能力をだ。そこには絶対的に正しい答えなど存在しない。私の授業では君たちの答えに対して必ず次の質問が飛ぶ。私は碾臼《ひきうす》だ、君たちの役に立たない脳みそをすり潰して、法律的な思考ができるように訓練する、と。ほほう、いい授業じゃないか。

ハートたちは六人で勉強会を始め、各授業のノートを分担して作ることにする。また、ハーバード大学のキャンパスや近辺の風景がきれいな映画。

ある夜、ハートは道でスーザン（リンゼイ・ワグナー）と出会う。ほどなく二人はベッドを共にする仲に。ハートはキングズフィールドの授業でもしだいに乗ってくる。教授の質問にバッチリ答えられる。やったあ。だが、スーザンと夜を過ごした翌日の授業は予習不足と寝不足でボロボロ。最大の敵は女だ。

感謝祭の日にキングズフィールドがホームパーティを開き、学生たちを招待する。すると、そこにスーザンもいる。彼女はなんと、キングズフィールドの娘だった——と、ここいらへんはハリウッド映画。スーザンには夫がいる。かつて父親の学生だった男だという。目下離婚訴訟中。代理人は教授が務めているとか。

でも、二人の仲は壊れなかった。今宵もよろしく時間を過ごした後、ハートはパンツ一枚で教授の書斎に入り込む。そこにキングズフィールドが帰宅する。ハートは裸同然の格好で裏口から逃げ出す。危なかった。しかし、教室では教授に一目置かれたらしく、彼の資料調べの手伝いを頼まれる。スーザンとの週末の約束を断り、膨大な資料と格闘し、だが結局指定の日までにレポートを提出できなかった。残念無念。

ハートの勉強会仲間のケヴィンは結婚している。今、奥さんは妊娠中。勉強が手につかなくなる。自殺騒ぎを起こす。彼もロー・スクールに入るまでは、優秀な学生だったのに。

こんな場面がある。ケヴィンが授業で、自分には写真的記憶力《フォトグラフィック・メモリー》があると言い、キングズフィールドに「そんなものはまったく役に立たない。求められているのは分析力だ」と一喝される。そうなのだ。事は法学部にかぎらない。そもそも大学や大学院は、ものを考えられる人間を育成する場である。それを養えるのは問答形式の授業、また試験は記述式がいちばんいい。ところが、日本の大学入試に広く採用されている、あのマークシートの選択肢で答えを選ぶテスト。さらに入学後も、英語でいえばTOEFLやTOEICなどが幅を利かす。これでは記憶力はともかく、思考力の育成は絶望的。もっとも、最近お上はセンター入試に記述式を導入すると宣《のたま》っている。でもあれも焼け石に水なのは、火を見るより明らかだ。できないことはやらない方がいい。お国の〝教育改革〟に振り回されて迷惑するのは、いつも受験生である。

各人がそれぞれの考えを持ち、そして丁々発止と議論する――美しい理想ではあるが、残念ながら日本社会は、そんな囂《かまびす》しい人間を求めてはいない。相変わらず黙々と働く会社人間こそが〝期待される人間像〟という国。よって、真のニーズなき教育改革はすべて絵に描いた餅、英語の授業でやるママゴト程度のディベートも〝非実用的〟な戯《ざ》れ事である。

お話は映画に戻って、学生たちの勉強会も仲間割れ状態。期末テストが近づく。寮は騒然となり、勉強ができない。ハートは友だちとホテルへ逃げる……そして、試験開始。

場面が転換すると、試験終了後、ハートがエレベーターでキングズフィールドと出くわす。ハートがあいさつすると、「君の名前は？」と聞かれる。なんと、あれだけバトルしたのに、ろくに名前も覚えてもらえなかった。これは痛烈！　でも、僕も還暦を過ぎて、教授の気持ちがヒシとわかるのである。もう教室で雑談するのはやめよう、ゼミの学生と飲みに行くのもよそう、授業はひたすら学生たちに学問的な質問だけを浴びせて……あこがれるなあ。

キングズフィールドを演じたジョン・ハウスマンは、俳優というより大物プロデューサーとして名を馳せた人である。この映画でアカデミー助演男優賞を獲得。僕の持っているＤＶＤのパッケージは、人気俳優のティモシー・ボトムズとリンゼイ・ワグナーではなく、厳格そうな顔をしたジョン・ハウスマンが表紙を飾っている。

ラストはハートがスーザンと海辺で、成績通知の入った封筒を開封せず、紙飛行機を作って飛ばす。もうペーパーチェイスはやめた。と、まあ、ハリウッド映画だから、後味はさわやかになっている。

14
触りたい
『ヴァイブレータ』

『ヴァイブレータ』（二〇〇三年）。タイトルが意味深だ。監督の廣木隆一はポルノ映画出身、脚本の荒井晴彦はあの過激で鳴らした若松孝二のプロダクションに所属していたと聞けば、ますますそそられる。また、原作は赤坂真理の赤裸々な中篇小説。

物語は単純で、三十歳を過ぎてまだフラフラと彷徨《ほうこう》を続けている女性がトラックの運ちゃんと行きずりの恋を経験する、東京と新潟を往復するロードムービーである。

冒頭は、夜中のコンビニをブラつく早川玲（寺島しのぶ）の姿をハンディカメラが追う。三月十四日のホワイトデー、外には雪が舞っている。玲の内心のつぶやきがナレーションで流れる。人に触りたい、触りたい、触りにくければ触る理由がほしい、触れない人は怖い……

と、そこへ金髪の若い男が入ってくる。ゴム長靴を履き、耳にピアス。目が合う。「食べたい。あれ、食べたい」と字幕が出る。なんだ、そりゃ、サイレント映画じゃあるまいし。男がすれ違いざま、スッと女の尻を触って、店を出ていく。誘ってる？「あたしは行きたい、あたしは生きたい、あたしは、生きてる」とまた字幕。彼女が外へ出ると、口笛が聞こえる。どこだ？　男は長距離トラックの運転席で女を待っていた。

男は岡部希寿（大森南朋）、二十八歳。年下だ。玲は最初は警戒していたが、彼はさりげなく話しかけてくる。優しい男みたいだ。焼酎をくれる。岡部はトラックに乗って七年、学歴がないから、中学もろくに出ていない、と。聞いている玲の孤独そうな表情。

と、「あたし、あなたに触りたい」、男が「こっち来る？」と仮眠スペースに誘う。男の乳首のピアスに女が唇を這《は》わせる。女のブラジャーは紫色、ダサい。狭いトラックの中でむさぼるように抱き合う。「好き、好き、好き、好き、好き、好き」、字幕が邪魔だなあ。ロマンティックなラブシーンにあらず。赤裸々なのに、そそられない愛欲場面。

転換。夜明け、玲がトラックを降りて、吐く。この女、食べ吐きをする。摂食障害。ストレスを溜めている。玲が「道連れにして」、そして二人を乗せたトラックが朝焼けの道路を新潟へ向かう。途中で女が「ねえ、あんたの、見せて」、男は「今、ちっちゃいから、嫌だよ」、「チンコ、勃《た》ってようと勃ってまいと、あんたはあんたじゃん」、「マジかよ」。汚いことば、裸の会話。女が男のあそこを舐《な》める。

岡部は、結婚している、と語る。ストーカーみたいな女につきまとわれたことがある、とも。警戒しているな。玲は、フリーのルポライターだとか。男はヤクザだったこともある、ホテトルで売春のマネージャーもやった。

トラックの運転席という密室性が、心を患った玲の内面とシンクロしている。行きずりの男女、二人の身の上話がどこまでほんとうかは、ちょいと怪しい。だが、ウザい字幕は、玲にだけ聞こえる彼女の内心の声、彼女のほんとうの叫び声である。

夜中、無線でトラック仲間と話をする。玲もボイスコンバータで声を変えて、話してみる。すると、しばらく静かだった彼女の心の声がまた聞こえてくる。急いでトラックをガソリンスタンドで止めてもらい、吐く。気持ちが悪いと言って、岡部を叩く。

赤坂真理の原作小説では、玲は中学校の国語の教師にいびられたのがトラウマとなって、本音をことばにできなくなった、常に自身を抑えようとするもうひとりの自分の声が耳にこびりつくようになった、と。それでもことばにこだわり、ルポライターになったが、その仕事も自分が話すよりは、人の話の聞き役だった。自分の本心をことばにして人に伝えたい、それは当時三十四歳の「捨てられた猫のようだった」（文庫版あとがき）赤坂自身の痛切な悲鳴でもあった。

小説を読めば、非映画的な字幕も、それから雑然としたBGMやブレた映像も、原作の照り返しなのがわかる。もっとも、ことばへのこだわりがストレスの根源だという点は、カットしてある。だが、それをあいまいにすることによって、かえって玲を社会と折り合いのつかない、傷つくのを極度に怖がる現代人として、より普遍的な存在たらしめた。

で、トラックがラブホテルに入っていく。なんかおかしな光景。岡部は風呂にぬるめの湯を溜め、湯船の中で彼女を優しく抱きしめる。スッポンポンだけど色気のないシーン、しかし泣き崩れる女の姿はなんとも切ない。

この場面、監督はなかなかOKを出さずに二人を混乱させて、男女のとまどいの表情を撮ったという。さらに、隠し撮りに近い撮影をしたり、俳優に精神的なプレッシャーをかけたりもしたとか。なるほどポルノ映画でも、そうやって人間の怯《おび》えた表情をカメラに収める。

また、寺島しのぶの演技が絶品。日本にはこういう厄介な女を演じられる女優がほとんどいない。観客の共感を呼ばない役柄を、ヨーロッパの女優は当たり前のように演じるが、日米の役者はそれができない。僕は寺島を日本で最もヨーロッパの名優に近い女優として、高く評価している。

朝、街道沿いの安食堂で、食事をとる。箸が動かぬ女に「食べろよ、食べなきゃ吐けないんだろ」、女は「嘘でしょ、結婚してるって」。女房も娘もストーカーもいない、と岡部。心の鎧兜《よろいかぶと》を脱いだ、無防備になった二人の会話。原作にはない、映画の追加シーンである。

道行きの物語は、男女の心中に終わることも多いのだが、そうはならないのがこの映画のいいところだ。ラストは冒頭と同じコンビニ。玲が降り、岡部のトラックが去っていく。「彼を食べて、彼に食べられた。それだけのことだった。ただ、あたしは自分が、いいものになった気がした。」小説から引用した字幕が、もううっとうしくない。

自分のなりたい自分になれないと、三十路にもなってまだ劣等感に苛《さいな》まれている女が、今の自分を丸ごと受け入れてくれる白馬の騎士、いやトラックの運ちゃんと出会って、ちょっとだけ内心の声とさよならできた話。人と人との心と体が丸裸で触れ合う姿を描いて、ロマンティックではない、品のよくない、そそられない、ポルノでもない、しかし深い人間関係が築けない現代人のための、これは切実なラブストーリーである。お勧め。

15 スレた大人の導き手

『赤ひげ』

黒澤明監督の『赤ひげ』（一九六五年）は、キネマ旬報日本映画部門第一位にして興行成績も年間トップと、まずは安心して秀作と呼べる映画だが、この後黒澤が傑作を生みだせなくなったことを思うと、全盛期の最後の作品ともいえる。黒澤ファンの僕としては、いろいろと考えさせられもする名作である。

原作は山本周五郎の『赤ひげ診療譚』（一九五八年）。江戸幕府が貧民救済のために作った小石川養生所（実在）の医師、腕はたしかだが頑固で傲慢な新出去定《にいできょじょう》、通称赤ひげをめぐる短篇集、それを黒澤は三時間五分のモノクロ映画にまとめた。

開幕は、小石川養生所に長崎帰りの若き医師、保本登《やすもとのぼる》が入っていく。早々、ここはひどいところだ、貧乏の臭いがする、それに独裁者の赤ひげが強権を振るっていると聞かされる。保本は赤ひげから長崎留学中の筆記や図録を全部提出せよと命じられる。「医学は誰のものでもない、天下のものだ」と。横暴な赤ひげに、保本は不信感を抱く。そもそも幕府の御番医になるべく長崎へ医学を学びに行ったエリート、なのになぜこんな辛気臭い貧乏人のたまり場に自分が送り込まれたのか。

焼け跡民主主義の旗手と謳われた黒澤は、貧乏を繰り返し映画の題材にした。彼のスタッフたちも嬉々として汚らしいセットを作った。そして『赤ひげ』では、みすぼらしい患者たちを演じる脇役の役者たちがまたいい。

　赤ひげに扮するのはご存じ、三船敏郎である。原作ではけっこうしゃべるのだが、三船はことば少なに赤みがかった髭――白黒映画だけど――をごしごしやる仕草で存在感を示す。テレビのCMで三船が「男は黙ってサッポロビール」、流行《はや》ったなあ。昭和の男は寡黙なのを善しとした。一方、保本は加山雄三が演じた。二枚目スター上原謙の息子にして、青春映画の「若大将シリーズ」ですでに人気絶頂、歌でも、お〻「君といつまでも」は『赤ひげ』と同じ一九六五年にリリースされた曲ではないか。そんな高度成長期を象徴する明朗快活なボンボン、演技力は言わずもがなの加山を黒澤はしごきにしごいて、でもまあ、この程度か――いや、そこがまた黒澤らしいのだ。心はまっすぐだが、まだ世間を知らぬ、頭でっかちの青年医師に加山はドンピシャ、みごとにはまっている。

　ときに保本登は、「保守本流を保って出世街道を登ろうとする男」と読める。新出去定は、「新しきに出でて、定石を去る」ってか。山本周五郎の名前に託した遊びが光っている。

　さて、養生所にいるのは貧民だけではない。離れの座敷牢に狂女が隔離されている。相当な大店《おおだな》の娘で色情狂、男を殺しているとか。美人。座敷牢から逃げ出した彼女が、夜、保本の部屋に入ってくる。保本は娘の作り話をカウンセラーよろしくじっと聞く。真ん中にロウソクが一本、後ろの壁に影が映って、ちょっとした怪談もの。と、女が男に抱きつき、目が狂気じみてくる、そしてかんざしで――すんでのところで、赤ひげが駆けつけて、助かる。

　保本は末期癌の老人の診察をさせられる。赤ひげ曰く、「あらゆる病気に対して治療法などない」、

「我々にできることは、貧困と無知に対する闘いだ。それによって医術の不足を補うほかはない」。そう、世の中の罪悪の大部分は、「貧困と無知」から来ている、それらを克服する努力がはらわれなければならない——これが原作で繰り返されるテーマである。

赤ひげは、「人間の一生で臨終ほど荘厳なものはない、それをよく見ておけ」と。だが、甘ちゃんの保本は老醜をさらす患者を直視できない。セリフなしで、口を開けて苦しむだけの老人がお見事。藤原釜足、黒澤映画の常連のひとりである。

保本は大けがをして担ぎ込まれた女の外科手術の助手を仰せつかるが、途中で気絶してしまう。若大将が情けない。むじな長屋の無欲な佐八が臨終の床で語る人情話は、雪景色ときれいな風鈴の音と夜道での別れと……歌舞伎でも見ているかのよう。黒澤が自家薬籠中《じかやくろうちゅう》の物を存分に披露している。

赤ひげが糖尿病の大名（千葉信男）の往診をする一場は、贅沢で安逸な生活がゆえと説教する赤ひげの話を、息荒くあえぐだけでセリフなし、怯《おび》えたように目をそらす太った殿様が、何度見ても飽きない。絶品のチョイ役。赤ひげは献立を指示しただけで五十両ふんだくる。

また、岡場所では用心棒たちを片っ端からぶっ飛ばす。のたうちまわって苦しむチンピラたちを見ながら、「もう少し加減をすればよかった。これはひどい、医者ともあろう者がこういうことをしてはいけない」と。むろん鬱憤晴らしのサービス場面である。

でも、赤ひげ先生、なんとも格好はよすぎるのだが、しかし社会の掃きだめのような小石川養生所を維持していくためには、正義感や使命感だけではどうにもならない。大名や大店には高額の治療代を請求し、必要とあらば荒くれ者をぶちのめす。前途有望だがまだ未熟な保本は、そんなタフでしたたかで、時には素知らぬ顔であくどい手段も辞さぬ赤ひげにしだいに感化されてゆく。社会の酸いも甘いも噛み分ける、スレた大人の導き手によって、困難な社会変革を教条的な概念としてではなく、生の現実の中で学んでゆく。

岡場所の女主人に扮する杉村春子は、さすが文学座の屋台骨を背負った女優というセリフまわし。また、岡場所から保護された薄幸の娘おとよを演じた二木てるみは、暗闇で目を光らせて、一世一代の名演技といえよう。

終幕は、保本が御目見医《おめみえい》の口を断って、養生所に残ると言う。黒澤映画らしい、清々しいラスト。しかし、高度経済成長とともに観客たちが貧乏物語にスッと感情移入できる時代は去り、黒澤はこの作品を最後に、彼の大きなテーマのひとつを失っていく。

そして『赤ひげ』から半世紀余り、還暦を過ぎた僕は、パソコンや各種の機械類をはじめとして、若者たちに教えるよりは教えてもらうことの方がずっと多くなった。それでも彼ら彼女らに伝えるべきは、人間、純粋な心根と高き志と最新の技術だけでは生きていけないよ、前のめりに沈まぬためにはスレることも大切だよと、そうグレた爺《じじい》は思ったりするのである。

16
現実をいかに作品化するか
『青年』

明治は遠くなりにけり。近世以前の文学といわず、明治時代の小説だって、現代の我々にはずいぶんと読みづらくなった。漱石はまだ今日の口語に近いけれど、鷗外にいたっては、ありゃ擬古文だよなあ。後期になると歴史ものも多くなるし。苔《こけ》が生えそう。

でも、僕は漱石より鷗外が好き。気楽に読めるものというなら『青年』(一九一〇—一一年)、これは文豪の作品と気張らずに、青春小説としてサラッと通読できる。むしろ、平凡、軽《かる》っ、「えっ、鷗外なのに、これだけ」と。

作家志望でY県から上京した小泉純一が、初めての東京であれこれと思いをめぐらす二カ月間の物語である。主人公は資産家の一人息子、パンのために働く必要はない。また、下宿に銀行頭取の娘お雪が遊びに来ると、初対面で何をしゃべっていいのかわからない。どうやら初心《うぶ》な田舎者らしい。

友人に誘われて、文士をめざす青年たちが集う倶楽部に行く。今日は大家の拊石《ふせき》が講演するという。彼は教員を辞めたとか。鷗村《おうそん》のように役人をしながら書いている奴と比べれば、よほど芸術家らしい、と語る男の話が聞こえてくる。純一は、拊石の作品は多少興味をもって読んだが、鷗村はアンデルセンの翻訳だけを見て、こんなつまらない作をよく暇潰しに訳したものだと思ったきり、なんの興味ももっていない、と。

りっぱな八字ひげを生やした拊石が登場し、イプセンについて語る。イプセンは初めは小さなイプセンだったが、社会劇に手をつけてから大きなヨーロッパの作家になった、しかしそれが日本に入ってくると、またずっと小さいイプセンになった、と。拊石はイプセンの個人主義について演説し、彼は新しい人だと結んだ。いい話なのである。イプセンの勘どころをみごとに捉えている。日本の私小説の社会性のなさ、それをやんわりと揶揄《やゆ》してもいる。

で、拊石と鷗村、むろん漱石と鷗外である。鷗外は漱石より五歳年上で、陸軍の軍医をしながら、漱石より先に有名作家となっていた。だが、漱石は東京帝国大学の教授昇進の内示を断り、一九〇七年、四十歳にして筆一本で立った。後輩の漱石が、ひたひたと追いかけてくる足音が聞こえる。いや、今や追い抜かんばかりの勢いである。

鷗外はその年下のライバルを『青年』で悠々と持ち上げ、自分のことは、ありゃダメだと茶化してみせる。ちなみに『即興詩人』（一九〇二年出版）は、鷗外が十年かかってドイツ語から重訳したアンデルセンの長篇小説。原文以上の文学作品と称される渾身《こんしん》の作だが、擬古文で歯ごたえのあり過ぎる翻訳ともいえよう。

二十四章立ての小説の第十章に、純一の日記の断片という形で有名な一節がある。

いったい日本人は生きるということを知っているだろうか。小学校の門をくぐってからというものは、一しょう懸命にこの学校時代を駆け抜けようとする。その先には生活があると思うのである。学校というものを離れて職業にあり付くと、その職業をなし遂げてしまおうとする。その先には生活があると思うのである。そしてその先には生活はないのである。

現在は過去と未来との間に画した一線である。この線の上に生活がなくては、生活はどこにもないのである。

日本人は先のことばかり考えている、でも今の今を生きるのが大切だ――文脈から外して普遍化できる一節である。僕も結婚式のスピーチなどでしばしばこの文章を引用する。もっとも小説の中では、日々を生きても、なかなか創作の題材が見つからないとぼやいているのだが。

純一は有楽座に自由劇場のイプセン劇を見に行き、そこで高名な法律学者の未亡人で派手な生活をしている坂井れい子と知り合う。彼女の邸で誘惑される。〝運命の女《ファム・ファタール》〟である。おかしいのは、女を知らぬ純一が、理性だの内面からの衝動だの男の貞操だのとグダグダ考える様子。早く食べちゃえばいいのに。鷗外は性欲――そんなことばは使っていないのだが――の問題を俎上《そじょう》に載せている。

と、この小説が『三四郎』（一九〇八年）によく似ていることは、漱石の作品を読んだ人ならばすぐに気づくであろう。熊本から上京した三四郎がコケットな美禰子《みねこ》に振り回される物語。永遠の青春文学だ。だが鷗外は、そこに性欲が取り上げられていないことに不満で、『三四郎』のパロディ小説をものしたらしい。そういえば、彼が『青年』の一年前に書いた『ヰタ・セクスアリス』

（一九〇九年）、あれはラテン語で「性欲的生活」の意味、発禁になったポルノである。そう、人生の真実を追究すれば、性欲は避けて通れないはずだ。もちろん明治のポルノなんて、今からみれば、かわいいものなのだけど。

純一は、お雪、坂井の奥さん、それから芸者のおちゃら、宿屋の女中のお絹と、さまざまな女性に人生をかいま見、しかし最終章で急に、これからは故郷の祖母が聞かせてくれた伝説を作品の題材にしようと宣《のたま》う。なんの伏線も理由づけもなし。あゝ、唐突。

けれども鷗外はこの後、明治天皇崩御を受けて殉死した乃木希典夫妻を念頭に『興津弥五右衛門の遺書』（一九一二年）を書いたのを皮切りに、『阿部一族』（一九一三年）、『山椒大夫』（一九一五年）などの歴史小説を次々と発表する。

漱石は自分の生きた明治という時代を描く小説が多かったのに対して、鷗外は日常を綴《つづ》ったつまらぬ日記から材料を得ることをやめ、歴史ものの中に現実を、社会を、時代を作品化しようと思い定めた。むろん純一が即鷗外というわけではないのだが、文豪の試行錯誤の一端を軽い物語の中にフッと覗《のぞ》かせる。シャレたことをやってくれるのである。

第5章
時代に抗して

17 本とインターネット

『もうすぐ絶滅するという紙の書物について』

嫌な時代になった。パソコン中毒、そしてスマホを握っていないと手が震える依存症の人間が増え、しかし本は読まないよなあ。学生は、いや全世代の日本人が、いやいや全地球人が。僕みたいにパソコンは仕事の関係で嫌々使う、スマホは持たない、紙媒体でないと内容が頭に入ってこないという人間は、「♪ 時代遅れの男になりたい」と思わず口ずさんでしまう。

そんな本を愛する、ＩＴ革命を進歩と思わぬ旧世代人の溜飲《りゅういん》を下げてくれる書物に、ウンベルト・エーコとジャン・クロード・カリエールの対談本『もうすぐ絶滅するという紙の書物について』（工藤妙子訳、阪急コミュニケーションズ、二〇一〇年、原著二〇〇九年）がある。イタリアの記号論の大家とフランスの名脚本家が、書物とインターネットと文化をめぐって言いたい放題語り合った、大部の文明批評書である。

エーコはインターネットについて、読むためには媒体が必要だが、その媒体をコンピューターだけに絞るわけにはいかない、だってスクリーンに向かって二時間小説を読むことはできないだろう、と。それに、「インターネットという素晴らしい発明のほうが、将来、姿を消すことだって考えられる」。

映画の脚本を数多く手がけたカリエールは、映像の記録媒体がいかに脆弱かを語る。動画や音声が記録されるのは、二十世紀になってからだ。ＣＤ－ＲＯＭの時代は早終わり、ＤＶＤも長くは持たないだろう。でも紙媒体の方は、五世紀も前に印刷された文書を我々は読んでいる。さらに、映画の世界は「技術革新が指数関数的に加速している」が、技術が新しくなると、新しい「言語」を習得するために長い入門期間が必要だ。技術が我々の手間を省いてくれることはまずない、と。そうね、僕も新しい機器に慣れる暇があったら、ゆったりとじっくりと本を味読していたい。

現在は過去以上に不安定である。「流動的で変わりやすく、更新可能ではかない」、「絶えず未来に備える努力を強いられている」。昔は高校を卒業すれば、もう勉強しなくても、それまでに知ったことで死ぬまでやっていけた、だが現代は「終身学習刑」の時代である。

文化について。文化とは、個人ないし集団の記憶に、さまざまな選別を経たうえで、すべてが忘れ去られた後に残るものをいう。なのに、インターネットは毎日毎秒、詳細な情報をまき散らしている。そうした「未精製の情報」は、玉石混淆で、出典の保証も、権威づけもない、と。

いや、歴史を学べば、「過去の正確な記録と見なされている文書がどれほど信用ならないか」がわかる。世にある歴史書は国家の都合に従って書かれている。ケマル・アタテュルクは大統領時代にトルコ史をそっくり改竄《かいざん》した。また、「フランス革命の本で百パーセント信用できる本などありません」と、カリエールは断言する。

でも、「暗黙裡の共通基盤」は必要だ、とエーコ。ガリレイの革命（地動説）を理解するには、まずプトレマイオスの学説（天動説）を出発点にしなければならない。何を議論するにも、共通の百科事典を基盤にしなければ——文化は我々にそれを与えてくれる。ところがインターネット上には、「我々が万人の常識と信じて疑わない概念を槍玉に挙げるような説を唱える団体がごろごろ見つかります」。グローバリゼーションによって、皆が同じようにものを考えるようになると思っていたが、実際にはまったく逆の結果になった。

愛書家の二人のこと、後半はインターネットの功罪よりも、古書の話が多くなる。十五世紀後半に出版されたインキュナビュラ（incunabula）のこと、古書収集家の動機、シェイクスピアの読まれ方、聖書について、焚書の歴史、口承と聖典など、話題は尽きない。

両巨匠とも、すべてを疑う懐疑論者である。エーコは「誤りとか、思い違いとか、ばかばかしさ」に心惹《ひ》かれる。事実、「間違いや嘘に関連した書物だけを収集して」いるという。カリエールは「嘘とか贋物とかいったことが真実にたどり着くための唯一の道」だと。なのに、それらは学校教育から完全に無視されている。「我々が学校で教わるのは、美と知の歴史に限られて」いる。もっと「誤謬と無知の歴史、ひいては醜の歴史」を考えるべきだ。

カリエールは、「愚か者は結論を出したがる」とフロベールのことばを引用し、「馬鹿は動かしがたい決定的な解決方法に自力で到達したがります」と続ける。一方エーコは、エーコ名義の贋記事を書いてくれと依頼されて、自分で自分のパロディを書いた。そうすることで、「自分を批判し、自分が陥りがちな紋切型をはっきりさせる」いい訓練になったと語る。

また、「いちばん新しい思想が正しいと学生が思い違いする」のが心配だ。さらに、毛沢東は天才だ、『毛主席語録』は読む必要はない、掲げるだけでよいと言って、十億人の中国人民を熱狂させた。我々は読んでいない書物から深い影響を受けている。誰がジェームズ・ジョイスや聖書を読破しているか。フランスの国立図書館には、設立から二百年の間に一度も請求されなかった本が二百万冊以上ある。ヘヘエ、どうやら本は読まなくてもいいらしい!?

地球人の大半は、書店や図書館とは縁のない生活をしている。と、カリエールが憤って、「無知な人々というのは、そこらじゅうにいて、しばしば無知の何が悪いと開き直っています。熱心に仲間を増やそうとさえしています。無知は自信に満ちていて、狭量な政治家たちの口を借りて、その優位を宣言します」。エーコが返して、知るということこそ「基本中の基本だと私は信じていますよ」と。「過去を知ることはあらゆる文明の基盤です。」

そう、人文学は歴史を決して忘却しない。それを時代遅れというなら、そんな現代の風潮に抗するのもまた善しであろう。前のめりに沈まぬためにも。

18
親と子
『東京物語』

三十代半ばで職場から一年間の研究休暇をもらい、シェイクスピア劇を見るべく渡ったイギリスで出会ったのは、チェーホフと小津安二郎だった。にぎやかな沙翁《シェイクスピア》劇を一気呵成《かせい》に数カ月見てそろそろ満腹感を覚えはじめたころに『かもめ』とめぐり会って、それまで退屈だと思っていたチェーホフ劇の奥行きの深さに心を打たれた。

その年［一九九一年］、イギリスでは「ジャパン・フェスティバル」が開催され、大相撲や歌舞伎の巡業があり、テレビでも小津安二郎の映画が何本か放映された。僕の英語のリスニング能力など知れたもの、舞台やテレビを見ても、とくに原作や戯曲を読んでいない作品は完全にわかるわけではない。そんなもどかしい思いをしていた時に、ふとテレビで見た『東京物語』（一九五三年）、これは「面白い！」と心底から実感できた。なにせ日本語だもの。しかし、それだけでなく、日本にいるころは、退屈で、爺婆《じじばば》が見る、眠くなるだけの作品だと敬遠していた小津映画の世界がにわかに眼前に広がってきた。

『東京物語』は、尾道の点描から始まる。尾道水道を行く船、住吉神社、栗吉材木店、蒸気機関車。平山家では周吉（笠智衆）と妻のとみ（東山千栄子）が旅行の準備をしている。どのカットも据え付けカメラで撮るのが、ご存じの小津流。だが、いつぞや小津は初見という学生に見せたら、「紙芝居みたいだ」と。若者の感想はいつも新鮮だ。

老夫婦の行く先は、息子や娘たちの住む東京である。長男の幸一（山村聡）は、川の土手を見上げる自宅で、町医者を開業している。昭和の木造建築だ。おとなしい優等生タイプの幸一に対して、長女の志げ（杉村春子）は、ずけずけとものを言う美容院の経営者。はるばる広島県からやって来た老父母の夕飯はすき焼き、でも刺身はいらない、「たくさんよ、お肉だけで」。また、髪結いの亭主、庫造（中村伸郎）が気を利かせて浅草のもなかを買ってくると、志げは「もったいないわよ、おせんべいでたくさん」とも。昭和の名優、杉村春子は、こういう勝ち気な憎まれ役を演じさせると、右に出る者がいない。

幸一も志げも自分の仕事で手一杯。志げは紀子に、老父母の東京案内を頼む。しとやかな紀子は、遠来の客に手をついてあいさつする。他の人物たちとはちょっと雰囲気が違う。扮するは、小津映画の看板女優、原節子。目が大きくて、楚々としていて、清潔感がある。

で、はとバスで東京見物をした後、老夫婦は紀子の、決してきれいではないアパートに寄る。紀子がお隣さんから酒を借りてくる。周吉がその熱燗《あつかん》の酒を嬉しそうな顔で味わう。と、死んで八年になる、というこの場面の会話でわかる、紀子は周吉ととみの戦死した次男の嫁だった。

そう、小津安二郎は原節子に戦争未亡人を演じさせ、アジア各地を侵略した戦争で、しかし自分たちも悲しい思いをしたという日本人の痛切な本音をささやかせた。戦場で戦った男たちには加害責任もあろう、だが夫を亡くした若妻たちは無辜《むこ》の存在たり得た。いや、小津は紀子に反戦のメッセージなど口にさせない。紀子は黙って団扇《うちわ》で義父母に風を送っているだけ。が、その彼女の死んだ夫の両親への〝心づくし〟が胸を打つ。

日々の生活に忙しい幸一と志げは、そうだ、お父さんとお母さん、温泉に行かせちゃおう。熱海に出かけた老夫婦は、しかし大騒ぎする団体客の声や流しの歌がうるさくて寝つけない。二人の部屋の前のきちんとそろえてあるスリッパを短く映し、この部屋だけ別種の客が泊まっているよ、と。みごとなカット！　翌朝、老夫婦は散歩に出て、「そろそろ帰ろうか」、「お父さん、もう帰りたいんじゃないんですか」。

地味な映画である。チェーホフ劇にも似て、ほとんど何も起こらない物語といえよう。だが、夫婦や親子の小さな会話、ふとした表情が、各人の心のひだを濃《こま》やかに映し出す。

東京に帰った周吉は、旧友たちと酒を酌み交わす。と、皆それぞれ子供たちに対する愚痴話になる。「親の思うほど子供はやってくれませんな」と語る友人の沼田役、東野英治郎がいい味を出している。とみの方は紀子の部屋に泊まり、思いがけず次男の布団に寝かしてもらう。紀子さん、いつでも気兼ねなく再婚してくださいよ、と。

血のつながった子供たちより、戦死した息子の未亡人の方が心を砕いてくれる。まあ、人生、そんなものだろうなあ。しかしこの映画、ここで終わらない。

尾道に帰った直後、とみが倒れる。あっけなく他界。母親の臨終に間に合わなかった三男の敬三（大坂志郎）が、葬式の折、「どうも木魚の音はいかんですわ」と寺の縁側に出て、目に涙を浮かべるシーンがいい。お清めの場では、志げが「どっちかっていえば、お父さんが先の方がよかったわねえ」と言い、とみの着物を形見にほしい、と。はっきりしている。働き盛りの子供たちは、葬儀が終わるとさっさと帰ってしまう。

両親と同居している次女の京子（香川京子）が、兄さん姉さんたちの身勝手に憤慨する。紀子は、だんだん歳をとると、親よりも自分の生活の方が大事になるものよ、と。「嫌ねえ、世の中って」、「そう、嫌なことばっかり」。

紀子がちょいと理想化されているか。でも、下手な役者と二流の演出だと、お利口な優等生のお説教に思えて興醒《きょうざ》めなのだが、そうは聞こえない。チェーホフ劇でいえば、『ワーニャ伯父さん』のソーニャの役割だ。ラストで伯父さんに「耐えて生きていくのよ」と静かに語るあのソーニャ。

戦後日本の家族の崩壊劇。二十一世紀の今日からみれば、古きよき昭和の時代を描いているようで、実は小津は時代に抗していたらしい。

皆が去った自宅の居間で、周吉が近所のおばさんに言う、「一人になると、急に日が長ごうなりますわい」。老人の寂しそうな顔、丸まった背。尾道水道を行く船を見せて、フェイドアウト。

小津映画がテレビで放映された際のイギリスの評（『タイム・アウト』）は、「小津作品を見ることは、はじめのうちはもどかしい経験だろうが、とにかく見ることだ。そうすれば、美的価値に裏打ちされた知性と人間性が徐々に明らかになってくる」、また「小津を拒否することは、人生そのものを拒否することである」と。しかり、しかり！

＊戦争未亡人に関する話は、川本三郎『今ひとたびの戦後日本映画』（岩波現代文庫、二〇〇七年）を参照した。

19 姥捨て山
『楢山節考』

深沢七郎の中篇小説『楢山節考《ならやまぶしこう》』（一九五六年）は、姥捨て山の話である。若いころにはおよそ興味の湧かないテーマだった。深沢作品で読んだことがあるのは、『笛吹川』（一九五八年）くらい。山梨県の笛吹川流域を舞台にした戦国時代の農民たちの物語で、人がコロコロ死ぬなあ、と思った記憶がある。

『楢山節考』は二度映画化されている。木下惠介監督の一九五八年版は歌舞伎風に仕立て、今見てもその様式的な演出が新鮮である。今村昌平監督の一九八三年版は、『戦場のメリークリスマス』と激しく競ってカンヌ映画祭の大賞を受賞した。どちらも還暦近くなってから初めて見て感銘を受け、また考えさせられた。

だが、佳作映画二篇も原作にはおよばない。僕の周りには、どんな文芸映画を見せても、原作小説の方が面白いと宣《のたま》う文学ファンがたくさんいて、たびたび僕は「映画には映画の見どころがある」、「原作を超える映画もある」と反論しているが、こと『楢山節考』に関しては、僕も小説の方に軍配を上げる。

なので、『楢山節考』は深沢七郎の小説について語る。「山と山が連っていて、どこまでも山ばかり」の信州の「向う村のはずれにおりんの家はあった」。名もない村なので、向う村。極貧の寒村である。主人公のおりんは六十九歳、嫁に来たのは五十年前だが、亭主は二十年前に死んだ。一人息子の辰平《たつへい》には三男一女がいる。ところが辰平の嫁が、昨年栗拾いに行った際に、谷底へ転げ落ちて死んでしまった。息子の後妻探しが、おりんの目下の悩みの種である。

「村では七十になれば楢山まいりに行く」という。楢山まいり、はて？

と、おりんの実家から飛脚が来て、「後家が一人出来た」と。辰平と同い年の四十五歳、なんでも亭主の葬式がすんでまだ三日しかたっていないとか。だが「年恰好さえ合えばそれできまってしまったと同じようなものだった」。飛脚は嫁に来る日まで決めて帰って行った。

いつのころの物語かさだかでない小説、しかし〝結婚は愛のため〟なる観念が、ごく最近のトレンドなのを教えてくれる。男女が一緒に住むのは、そうしなければ生きていけないから。それが何世代か前までの日本の常識だった。

村は、冬になると雪が珍しくなかった。楢山へは夏ではなく雪の降る冬に行けと、祭りの歌に唄われている。「神の住んでいる楢山は七つの谷と三つの池を越えて行く遠い所にある山であった。」おりんは七十になった正月に、すぐに楢山に行くつもりだった。

おりんの家も村の他の家と同様に、赤貧洗うがごとし。「めしと云っても汁の中に玉蜀黍《とうもろこし》のだんごと野菜が入っているもので、食べるというよりすするのである。」

辰平の後妻となる玉やんは、祭りの日に来た。心の優しい女で、おりんは一目で気に入った。自分が唯一つの取り得とするいわなの獲り方を、山へ行く前に教えておこうと思った。

おりんは歳をとっても歯が丈夫だった。「楢山まいりに行くときは辰平のしょう背板に乗って、歯も抜けたきれいな年寄りになって行きたかった。」家族の世話は、玉やんに任せれば安心だ。おりんは歯をこわすべく、石臼《いしうす》のかどに思いきり歯をぶつけた。血のこぼれる口を川で洗うと、歯が二本欠けて口から出てきた。「なーんだ二本だけか。」

玉やんが来て一と月もたたないうちに、女がまた一人増える。池の前《めえ》の松やんが、辰平の十六歳になる長男、けさ吉とできてしまう。大飯食らいの女で、実に楽しそうに「此の世の極楽であるというような顔つき」で、腹一杯食べた。そして夜になると、けさ吉のふとんにもぐり込む。すでに松やんのお腹は大きくなっていた。

家族は八人になった。冬を越せるかどうかの心配は毎年のことだが、今年は人数が増え、子供たちも大きくなっている。「それに松やんが特別ひどい。」

人類史はすぐれて飢餓との戦いの歴史であった。二十世紀になってようやく――少なくとも先進国では――餓死をまぬがれるようになった。いや、現代のわが国を見まわせば、グルメ流行《ばや》りの、飽食の時代にも思える。だが、ほんの昨日《オンリー・イエスタディ》までは日本も、飢えと貧困にあえいでいたことを、たった七十ページ足らずの民話調の小説が痛感させてくれる。

辰平がおりんに突然、「おばあやん、来年は山へ行くかなあ」と言う。母親を楢山に連れて行くのを躊躇《ちゅうちょ》していた孝行息子が、やっとその気になった。辰平の目には涙が光っているように見えた。楢山まいりの前夜、山へ行ったことのある村人たちを集めてどぶろくを振舞い、「お山へ行く作法」の教示を受ける風習がある。お山へ行ったら物を云わぬこと、家を出る時は誰にも見られぬように、山から帰る時は後ろを振り向かぬこと、などと。

おりんは辰平の背板に乗って楢山まいりの途につく。高い山、地獄のように深い谷、楢の木ばかりの森。岩陰に誰かいると思うと、死人であった。両手を握って合掌しているかのよう。おっ、目の前の死人が動いた。違う、死人の「腹の中をからすが食べて巣を作っていたのだ」。からすは黒猫のような目つきをしている。このあたりからは死骸がますます多く散乱している。「そこには白骨が雪のふったように、あたりが白くなるほど転がって」いた。

おりんが足をバタバタさせて、降ろせと催促した。口を結んで不動の形、顔は死人の相、辰平の手を握り、背中をどーんと押して、帰れと促した。息子は後ろを振り向いてはならない山の誓いに従って帰路につく。と、空から白い粉が舞ってきた。辰平は雪が降ってきたと知らせるべく、禁を破って母親のところへ戻る。すると、おりんは「前髪にも、胸にも、膝にも雪が積っていて、白狐のように一点を見つめながら念仏を称《とな》えていた」。母は、帰れ帰れと手を振った。息子は「おっかあ、寒いだろうなあ」と……

深沢七郎は人の死に情緒を交えず、即物的《ザッハリッヒ》で非情で残酷、映像的なようでいて映像ではこれだけ我々の想像の翼は羽ばたかないであろう、凍えるように美しい情景を綴《つづ》った。

昭和三十一年、僕が生まれた年の小説である。同年の経済白書には「もはや戦後ではない」と記されて、戦後の焼け跡期から高度経済成長へと向かう時期を象徴することばとなった。

20 近代への反逆

『ガンディー――反近代の実験』

長崎暢子『ガンディー――反近代の実験』（岩波書店、一九九六年）は、僕が『スクリーンの中に英国が見える』（国書刊行会、二〇〇五年）の中で『ガンジー』（一九八二年、イギリス・インド合作映画）について書いた際の種本のうちの一冊である。インドについてはずいぶん関連本を読んだが、歴史研究者の著したこのガンディー伝がいちばん参考になった。

インド独立（一九四七年）、ガンディー暗殺（一九四八年）から半世紀になんなんとしている一九九六年に出版された長崎暢子の本は、「人間の欲望には限りがない」の一句で始まる。衣服も食べものも何でも手に入る現代の日本で、しかし我々はそうした贅沢がふとうとましくなることがある。そんな時、「ものというものを徹底的に排除し、簡素な寓居にすわって糸を紡《つむ》ぐガンディー」の光景が墨絵のように浮かんでくる、と。

マハートマ（偉大なる魂）・ガンディーは一八六九年、明治二年の生まれである。日本が近代化を急ぎ、欧米列強に追いつき追い越せを国是とし、やがて第二次大戦で墓穴を掘った時期、「アジアの他の地域に反近代の実験に一生をかけた人物」がいたわけである。

ガンディーは、ネルーをはじめとする独立運動の指導者たちが最上層階級のバラモンの出身だったのに対して、第三階級ヴァイシャに属する商人《バニヤー》カーストの生まれである。人々を平等に扱わなければ商業は成り立たない。また、彼の信仰したヒンドゥー教は、キリスト教と違って多神教である。インドでは「他の宗教を排除せず、多くの神々を吸収していく工夫」が必要だったのであろう。そして彼はインドの幼児婚の慣習に従って、十三歳で結婚する。一生連れ添った妻カストゥルバーイーは読み書きができず、さらにガンディーは肉欲から解放されるべく、三十七歳で彼女との性愛関係を断っている。

若きガンディーは法廷弁護士を志してイギリスに留学、その間に菜食主義者となる。食物だけでなく、彼は欲望の自制について思索し、それを宗教の最高の到達点だと考えるようになる。後に政治にかかわってからは、「欲望の自制は彼の政治の中心概念になっていく」。

めでたく弁護士資格を取ったガンディーは、すぐにインドで独立運動に身を投じたわけではない。訴訟事件に関する一年契約の仕事を依頼され、南アフリカへ渡る。だが、上陸早々、イギリスのジェントルマンのいでたちをしたガンディーは、一等車から放り出される。「インド人は貨車に移れ。」彼は有色人種に対する差別を思い知る。

ガンディーは「奴隷の代わり」となっていた十万人以上のインド人の移民労働者――「苦力《クーリー》」と呼ばれた下層民、そのほとんどは「不可触民」――への差別撤廃の運動にたずさわる。そこで覚えた戦術は非暴力・不服従に徹する「サティヤーグラハ」（〝真理把持〟の意）。暴力に暴力で応じることなく、悪法を犯し、抵抗せずに刑に服して投獄され、かえって相手に道義なきことを知らしめる。これ、ことばにすると空理空論にも思えるのだが、ガンディーは多くの不可触民やイスラム教徒たちと共闘して、大きな成果を上げる。が、ほんの出稼ぎのつもりが、彼の南アフリカ滞在はなんと二十余年の長きにおよんだ。

インドへの帰国は第一次大戦中の一九一五年、時に四十六歳。そこから、よく知られたガンディーの独立闘争が始まる。まずは都市ではなく農村における農民運動を指導し、次に労働者のストライキを援助した際には、あの有名な「断食」を初めて政治的に活用した。さらに逮捕状なしの逮捕を合法とする「ローラット法」に対しては、イギリス人への非協力運動《サティヤーグラハ》で対抗し、ゼネストを、いやこれは一斉休業《ハルタール》だ、一日を祈りと断食にあて、自己浄化の日にしようと呼びかけて、人々を「全インドの「聖なる闘い」」へと参加させた。

ガンディーはむろん投獄の憂き目に遭う。だが、長い獄中生活の間に、彼は糸を紡ぎ、読書をし、インドの将来について考え抜いた。釈放されると、一九二九年にはイスラム教徒、キリスト教徒、不可触民らを含めた弟子たちと「塩の行進」を行ない、イギリスが独占している塩の製造と専売、そして塩税法への反対を、全世界に向かって表明した。

今日のインド国旗の中央にみえる手紡ぎ車《チャルカー》は、イギリスをはじめとする西洋の近代機械文明へのアンチテーゼを唱えたガンディーの思想を象徴している。それはイスラム教その他の宗教各派をとり込める、宗教的・文化的に中立なシンボルであり、また「機械はヨーロッパを荒廃させかけている」と語り、「あなた方が支持している文明は、文明の正反対である」とイギリス人に向かって言いきったガンディーの痛烈な西欧文明批判を体現する表徴でもあった。

第二次大戦終戦の二年後に、インドは独立する。産業革命以来の世界最強国から、世界最貧民地域が武力を使わずに完全独立を果たした。これはまぎれもない二十世紀の奇跡である。

ガンディーは二十世紀の大思想家であり、同時に植民地インドを独立させた希有《けう》な政治家であった。およそ深くものを考える人間は、現実社会では大きな仕事をなさず、逆に実務家は世に残る思想を残さず。それがふつうである。だが、ガンディーはそれらを二つながらに成就した。

けれども、ガンディーのめざした不可触民——人口の十%とも十五%ともいわれた——の解放はならず、女性をめぐる因習も改善されず、それに何よりイスラム教徒たちはパキスタンとして分離独立する道を選んだ。インドの政治的な独立は、しかしガンディーの志した「スワラージ（自治）」——宗主国から自治権を獲得するだけでなく、自らの欲望も治めることができる——を実現する社会改革とはならなかった。

十八年ぶりに長崎の本を読み直して、地球が人類の欲望の食い物にされて悲鳴をあげている、その惨状がますますひどくなっていると、あらためて痛感させられた。二十一世紀の地球が前のめりに沈まぬよう心がけるために、これは読んでおいていい、空想歴史ファンタジーにもみえて、しかし実際にあった史実と偉大なる思想を記した評伝である。

第6章

第三世界

21 ストリート・チルドレンの挑戦

『スラムドッグ$ミリオネア』

ガンディーの壮大にして過激な「反近代の実験」は、独立後のインドに大きな影響を与えたか、それとも与えなかったか。二十一世紀のかの国の現実を、トップギアで見せてくれるエンタメ映画に、ダニー・ボイル監督の『スラムドッグ$ミリオネア』(二〇〇八年、イギリス映画)がある。アカデミー賞の作品賞・監督賞など八部門を獲得した大ヒット作。

警察で尋問される主人公ジャマール・マリク(デーヴ・パテル)のアップから。「ムンバイ、二〇〇六年」と字幕が出る。さらに「彼はあと一問でミリオネアになる、どうして勝ち上がれたのか？　A　カンニングした、B　運がよかった、C　天才だった、D　天命だった」――場面が転換して、テレビ番組「クイズ$ミリオネア」の収録シーン。日本でも、みのもんたが司会をして流行《はや》ったあの番組は、イギリスが発祥、世界の八十を超える国で放送されたとか。

ジャマールはスラム出身の十八歳、コールセンターでお茶くみをしている。司会者(アニル・カプール)は青年を見下している。警察も彼のような〝スラム街の野良犬《スラムドッグ》〟がクイズに次々と答えられるはずがないと信じている。ここいらへん、警察署とテレビスタジオの様子をカットバックで交互に映し、同時進行の緊張感を漂わせる。ジャマールは今、最後の問題に挑戦するテレビ収録を前に、警察に連行されてしまった。口を割らぬ彼は、宙吊りにされ、電流を通す拷問を受ける。だが、「僕はどの答えも知っていたんだ」と。

ジャマールは回想する。子供のころの彼が友だちと滑走路でクリケットをやっていて、監視員に追いかけられ、スラム街を逃げまわる。ハリウッドのアクション映画ばりの疾走感、しかし目を凝らせば、すさまじいスラムの風景が見えるはず。

警官が番組のビデオを見せながら、尋問を続ける。おまえはなぜすべての答えを知っていたんだ。ジャマールは思い出す。ボリウッド映画——ボンベイ（ムンバイの旧称）で大量に制作されるヒンディー語の娯楽映画——のスターがやってきた日、彼はトイレに閉じ込められていて、溜め池から脱出、ウンコまみれで差し出したブロマイドにサインをもらった。その俳優の名前を問うのが、クイズの第一問だった。

第二問、インドの国章に記されている文言は？　インド人なら誰でも知っているはずの有名なことばを、ろくに学校に行かなかったジャマールは知らない。オーディエンス——一度だけスタジオの観客に聞ける特典——に頼って、切り抜ける。

だんだん質問が難しくなる。第三問は、ラーマ神が右手に持っているとされる物は何か？　ジャマールはかつて、彼らスラム街のイスラム教徒が暴徒に襲われ、母親を殺された日のことを思い出す。警官は見て見ぬふりだった。「ラーマ神とアラーの神のせいで、母親を亡くした。」クイズには答えられたが、彼にとっては忘却したい出来事だった。

親を失ったジャマールと兄サリーム、さらに同じスラムに育った娘ラティカは、ギャングのママンに誘われ、彼の宿営地へ行く。彼はストリート・チルドレンを集めて物乞いや窃盗をやらせる怖いお兄さん。サリームは早々、悪に染まりかけるが、哀れを誘う歌うたいにするために子供たちの目を潰そうとするママンのやり口を目の当たりにし、弟とラティカをともなって逃げ出す。だが、ラティカは列車に飛び乗れず、兄弟と彼女は離れ離れになってしまう。

兄弟がたどり着いたのは、ムガール帝国の遺産、インド・イスラム式の代表的建築たるタージ・マハルだった。そこでインチキガイドをやり、観光客の持ち物をくすねて、大儲けする。アメリカ人からもらった札で、百ドル紙幣にベンジャミン・フランクリンの顔が描かれているのを知っていた。それがクイズに出た。正解！　しかし警官は、千ルピー札の肖像画がガンディーだと知らないおまえが、なんでアメリカの札には詳しいんだ？

ダニー・ボイルはどん底で悪戦苦闘するスラムドッグたちの冒険談を、明るく、楽しく、スピード感たっぷり、そしてパワフルに見せてくれる。通俗的なエンタメ、いいじゃないか。面白すぎるって？　それが映画だ。ボイルはインタビューで、ふつうじゃない人生に惹《ひ》かれる、人生の中の極端な経験を描くのが好きだ、と語っている（劇場公開時パンフレット）。なるほど、彼の出世作『トレインスポッティング』（一九九六年、イギリス映画）、あれもスコットランドのアナーキーな若者たちが麻薬から足を洗おうと七転八倒する姿をフルスピードで軽快に撮っていた。ハリウッドにもボリウッドにも負けない、エキサイティングな娯楽作品。

で、ジャマールとサリームはせっかくタージ・マハルで荒稼ぎしていたのに、ふたたびムンバイに戻ってくる。かつてはイギリスによる植民地支配の拠点だったかの都市は、今やインドの高度経済成長のシンボルとなりつつある。兄弟が過ごしたスラム街も取り壊され、高層ビルが建とうとしている。そんな急速に変わろうとする、欲望の渦巻く巨大都市で、兄サリームはギャング団の一員となり、金の力によってのし上がろうとする。一方のジャマールは、そう、ラティカを忘れられずにいた。ムンバイに舞い戻ったのも、テレビのクイズ番組に出演したのも、彼女を探すためだ、と。今はギャングのボスの囲い者となっているラティカ、そしてジャマールはクイズの最終問題に挑む……

この冒険談は単なるスラムドッグの逆転劇、成功物語ではない。むしろ極端なまでに情熱的なラブストーリーである。観客を退屈させず、また説教臭くなく、一夜の夢のような気分に浸らせてくれる。けれどもスクリーンには、旧植民地が先進国に追いつけ追い越せ、急成長を遂げようとする裏側で、貧富の差は是正されず、犯罪は横行し、宗教対立も相変わらず、そうしたエンタメ映画の観客が見たくない現実を色濃く投影している。

観客が見たいものを見せるのが娯楽《エンタテインメント》、逆に見たくないものをなんとか見せてしまう力を有しているのが芸術《アート》――と定義するならば、『スラムドッグ$ミリオネア』は、ガンディーの夢の跡の惨状をまざまざと見せつける、二十一世紀の欲望の果てを活写した芸術映画と呼ぶことができるだろう。

22　高度経済成長の裏側

『いつまでも美しく』

引き続き、ムンバイのスラム街の話である。インド人を夫にもつアメリカの女流ジャーナリスト、キャサリン・ブーの『いつまでも美しく――インド・ムンバイのスラムに生きる人びと』（石垣賀子訳、早川書房、二〇一四年、原著二〇一二年）は、彼女がムンバイの国際空港敷地内のスラム街アンナワディに二〇〇七年十一月――『スラムドッグ$ミリオネア』の設定の翌年――から三年半通い、人々の生活に寄り添ったうえで書いたノンフィクションである。作中の出来事はすべて実際に起こったこと、登場人物たちの名前も実名だとか。自らの内面を活字にすることなど皆無であろう下層民たちの真情をこれだけ描ききった作品は、そうめったにあるものではない。僕が長年探していた類いの書物である。

物語は、片足のない女が火に包まれるところから始まる。警察がフセイン家に向かう。同家の稼ぎ手であるアブドゥルが逃げる。彼は十六歳、いや十九歳かもしれない。三百三十五軒のバラックに三千人が暮らすアンナワディの住人のほとんどは、さまざまなカーストのヒンドゥー教徒、フセイン家のようなイスラム教徒は五十人にも満たない少数派である。アブドゥルの信条は、トラブルを避けることだ。

ムンバイの町が毎日排出する八千トンのゴミのうち、金になるのは二キロにもならない。アブドゥルが得意なのはゴミの仕分け。彼は廃品の売買をして、十一人の一家を支えている。フセイン家は避妊を認めぬイスラム教ワッハーブ派に属し、父親のカラムは結核を患って働けない。細い体で寡黙な長男が働くしかない。仕事だけの毎日、おそらくそれが一生続くだろう。

と、ドキュメンタリーだと知らずに読めば、さながら小説と思い違いをする物語《ナラティブ》風のノンフィクションである。

共同便所のそばに住むワギカー家のアシャは闘鶏のような女だ。野心家でスラムの長《スラムロード》の座を狙っている。腐敗した政治家と組んで中流階級にのし上がろうとするヒンドゥー教徒。だが、彼女の長女マンジュは母親に反発し、懸命に勉強して、アンナワディの女子で最初の大学卒業生になろうとしている。睡眠時間四時間、何度か原因不明の病気や発熱が続いたとか。無理もない。

スニールはゴミ拾いの孤児、十二歳で発育不良。マンジュの友だちのミーナは、空港で働く移民労働者のために一九九一年に作られたアンナワディで最初に生まれた女の子である。階級はダリット（不可触民）、彼女は物語の後半で、あわれ、自殺してしまう。

そして冒頭の、火に包まれた女はファティマ。生まれた時の名はシータといったが、足が悪くてなかなか結婚相手が見つからず、年の離れたイスラム教徒の申し込みを受けた。夫は妻の名前をファティマと変える。娘が三人生まれたが、病弱だった子は家の中でバケツの水に溺れて死んだ。スラムでは幼い子供たちの不審死がよくあると、キャサリン・ブーは書く。治療費をかける余裕がない。

ファティマは結婚して、露骨な性的欲望を知ったという。三十五歳にして、口紅を濃く塗り、夫が留守の間に男を連れ込んだ。不自由な体を笑われて育ち、しかし彼女を抱く男たちは彼女を誉めてくれる。ファティマは愛情と敬意を渇望していたのだ。

著者はスラム街の貧民たちを十把《じっぱ》一《ひと》からげに扱わない。みごとな群像劇だが、彼ら彼女らを集団《マス》にとどめず、ひとりひとりの人物たちの願望や欲望や苦悩など、心の奥底に仕舞いこんでいるものを描出しようとする。

やがてファティマは自ら火を放ったことがわかってくるのだが、当初は彼女の家とシート一枚で仕切られているだけの、フセイン家のイスラム教徒たちが疑われた。カラムが逮捕され、息子のアブドゥルも警察に自首する。しかし警察は二人が無実だと知った後も、執拗に罪をでっちあげようとする。フセイン家には警官が要求する賄賂を払う金がない。この国では無罪か有罪かは売買によって成立する。すさまじい公権力の腐敗。

日本語の書名は『いつまでも美しく』となっているが、原題は *Behind the Beautiful Forevers*。高度経済成長を遂げるムンバイからスラム街を隠すように建てられた、あざやかな黄色のコンクリートの壁、そこにイタリア風の床タイルの広告が書かれている、「いつまでも美しく」と。その裏側の世界やいかに。

インドは世界の貧困層の1／3、飢餓状態にある人々の1／4を抱える国だと、著者はあとがきに記している。だが、インドに関するノンフィクションが足りない。下層民たちがグローバル市場の時代をいかに生き抜いているか。また、三千以上の公式文書も参照したが、「政治の腐敗と無関心がどのように貧しい人々の身に起きたことを記録から抹殺しているかも明らかにしてくれる」と。ファティマの焼身事件については、百六十八人から聞き取り調査をしたが、ファティマの娘たちでさえ、一貫してアブドゥルがやったのではないと証言したという。

さらにキャサリン・ブーはインタビューの中で、経済成長とグローバリゼーションによって、下層民たちにもかつてないほど機会が与えられるようになったと書かれている公式の書物の内容と、彼らが置かれた現実とのギャップを探ろうとしたと語っている。また、二〇〇八年にインドの億万長者の数はロサンゼルスのそれに追いつかんばかりであったが、ムンバイの住民の四十%以上がまだスラムに住んでおり、しかも彼らはインド政府の発表する統計では、貧民として数えられていないという（スニール・キルナーニ）。

いや、事はインドだけではない。一億総中流という意識の根強い日本でも、ちょっと注意して社会を見渡せば、貧富の差も都市と農村の格差も拡大の一途をたどっている。政府も国民もさまざまな不平等を解消する方向へ歩を進めていると考えるのは、あまりにも楽天的に過ぎるのではないだろうか。

＊ロンドンの国立劇場《ナショナル・シアター》が二〇一四年に『いつまでも美しく』を舞台化した。演出ルーファス・ノリス、脚本デヴィッド・ヘアー。キャサリン・ブーへのインタビューおよびスニール・キルナーニ（ロンドン大学キングズ・カレッジ教授）の記事は、その折に劇場で販売されていたパンフレットから引用した。

23 植民地、そして独立後

『アルジェリア近現代史』

シャルル・ロベール・アージュロンの『アルジェリア近現代史』(私市正年・中島節子訳、白水社文庫クセジュ、二〇〇二年、原著一九九九年)は、映画『アルジェの戦い』(一九六六年、イタリア・アルジェリア合作映画)の解説を書くためのにわか勉強に読んだ。この本は何部売れたんだろう。でも、こういう啓蒙書が出ているると、ほんとうに助かる。

アルジェリア植民地史の重鎮が書いた同書は、初版の出版が一九六四年、アルジェリア独立の二年後である。まさにフランスによる植民地支配の歴史を綴《つづ》った一般書だった。アージュロンはその後も版を重ねるごとに加筆し、翻訳の底本となった十一版ではアルジェリアが内戦状態にあった一九九八年までの現代史を記述している。

アフリカの地中海沿岸の地は十六世紀の前半から長らくオスマン・トルコの版図にあった。だがナポレオン失脚後に王政復古したブルボン家が、国内の政情不安から国民の目をそらすためにアルジェに軍事介入したら、なんとトルコ軍を撃退してしまった。時に一八三〇年、その偶発的ともいえる出来事以来、フランスは一九六二年まで、百三十二年間にわたってアルジェリアを植民地にした。

フランスとは地中海を挟んだ目と鼻の先の地域である。大勢の入植者《コロン》がそこに新天地を求め、しかし慣れぬ土地で失敗する者も多かった。やがて彼らと彼らの子孫が原住民を支配しようとしはじめる。アージュロンは政府や軍よりもむしろ、コロンたちの強硬姿勢に厳しい目を向けている。

対するアラブ人――いやその前に、北アフリカの先住民はベルベル人である。アラビア語ではなく、ベルベル語が母語、最初からのイスラム教徒ではない。今日でもアルジェリアの人口の約1／5はベルベル人だとか。日本人にとって、多民族、多言語、多宗教、そして多文化の国は、なかなか実感のともなった理解に至らない。それは我々の住む日本が、「一民族＝一言語＝一国家」をかなりの程度実現している珍しい国だからである。

で、アルジェリアは一八八一年からフランスの直轄植民地――本国フランスの政府が直接統治する――となる。また、「羊の国」アルジェリアで、十九世紀末の十数年間に一人当たりの羊の所有数が半分になったという。遊牧社会が、近代化の荒波によって衰退してゆく。帝国主義列強に席巻された植民地の歴史は、産業革命以降の「近代国家」の分析と不可分である。

二十世紀はじめ、アルジェリア人の支払っていた直接税は、ヨーロッパ人の二倍だったという記述も興味深い。多くの税金を集めるには、限られた金持ちから高額の税を取るよりも、できるだけ大勢の民衆から少しずつ徴収するのがコツだとか。アージュロン曰く、「フランス植民地政策は原住民少額納税者の搾取以外の何ものでもない」。

僕が世界各地の植民地に関して大急ぎで勉強した際の結論も、これは政治、民族、言語、宗教などの問題という仮面はかぶっているが、結局のところ宗主国による経済搾取に尽きる、と。そして、今日の先進国と発展途上国の関係も、帝国主義の時代と構造的にはほとんど変わっていないと知って、大きなため息が出た。

コロンたちは原住民が初等教育を受けることに反対した。無知無学の方が隷属させやすい。一九一四年になっても、原住民の就学率は五パーセント。その年、第一次大戦が勃発し、アルジェリアから十七万三千人が出兵してフランスのために戦い、二・五万人が戦場に斃《たお》れた。

第二次大戦後の一九四七年、かの国の人口はヨーロッパ人九十二万二千人、イスラム教徒が七百八十六万人だったとか。百万人になんなんとするコロン！　すでに自ら移民した人間よりもアルジェリア生まれのヨーロッパ人の方が多くなっている。祖国はアルジェリアしかない。だが、数からすればコロンは完全な少数派である。一人一票の普通選挙は、できない相談だった。

一九五四年から七年以上におよぶ凄惨な独立戦争が始まる。戦闘の様子は、ドキュメンタリー・タッチの思索的な戦争映画『アルジェの戦い』を見た方が早いだろう。「民族解放戦線」（ＦＬＮ）がテロを開始し、しかしＦＬＮによって殺害されたフランス人よりはるかに多数のアルジェリア人が、フランス人の報復攻撃によって惨殺されたともいう。

アージュロンはむしろ武装蜂起に至ったアルジェリアの実情と、独立後にも残った難題の数々およびその原因を記す。もともとは外からやってきたアラブ人たちは、何世紀もかけてアルジェリアの地をイスラム化し、アラブ化していった。だがフランスは百三十二年間の植民地支配の間に、フランス語とキリスト教による教育を基盤にしてフランスへの同化政策をもくろみ、アルジェリア人たちのアイデンティティ形成を妨げた。アージュロンは「アルジェリア喪失の本当の責任者は……

あらゆる改革を頑固に拒否し、妨害した人びと……何よりも責任は、アルジェリアのヨーロッパ人たちの集団責任」だと断罪している。穏健派民族主義の勢力はついに誕生せず、独立に際しては急進的なＦＬＮを交渉相手にせざるを得なかった。

そして、独立後もアルジェリア人のアイデンティティは未成熟のままであった。学校教育にアラビア語が導入されるが、「アラビア語の書き言葉は……アルジェリア人にとって外国語でしかなく」、政治や経済の分野ではフランス語を使うしかない。また、経済の停滞と人口の増加が、石油資源に大きく依存する国家財政を圧迫した……

と、二十世紀後半の旧植民地の歴史を見渡せば、独立それ自体もさることながら、独立後の国造りがいかに困難かが実感される。独立がゴールではなかった！　さらに今日の「南北問題」は、「東西冷戦」の陰に隠れて半世紀ほど見えづらくなっていたが、十九世紀の帝国主義の時代から連綿と続いていたわけだ。

映画を楽しむために始めたにわか勉強によって、これは知れば知るほどわからなくなる、奥の深い問題だと思い至り、今までそれなりに知っているつもりでいた己の不明を恥じた。なるほど、ソクラテスのいう「無知の自覚」とは、こういうことなのであろう。

24 ヨーロッパの中の第三世界

『イゴールの約束』

どうやら今の時代、人はどこの国・地域に生まれるかによって、「不平等」なようである。貧困や紛争のために、祖国を捨てなければならない人々がいる。彼らの真情は、海外に出ても失敗したら祖国に戻ればいい日本人には、なかなか理解できないところだ。

ヨーロッパ映画は、かの地域の目の前の現実を照らして、今や移民・難民映画が目白押しである。ベルギーのダルデンヌ兄弟が監督した『イゴールの約束』（一九九六年、ベルギー・フランス・ルクセンブルク・チュニジア合作映画）は、ベルギー人の少年イゴール（ジェレミー・レニエ）を主人公に、アフリカや東欧などからかの国に入ってくる不法移民たちの実情を凝視する。

冒頭は自動車の修理工場。イゴールが老女の車の整備をしている。彼女の隙をみて、助手席から財布を盗む。第一印象は大切だ。映画は開幕早々、十五歳の少年が〝天使〟ではないことを印象づける。イゴールは親方から溶接を教わる。と、迎えの車がクラクションを鳴らす。親方は渋々イゴールを早退させる。

父親ロジェ（オリヴィエ・グルメ）とイゴールを乗せた車の後ろを大型のカーキャリアが走る。そのキャリアに積まれた自動車の中から、おっ、密入国した外国人たちがぞろぞろと出てくる。彼らは老朽化したアパートに到着する。

イゴールは違法外国人労働者を売買しているロジェの助手として、てきぱきと仕事をする。移住証明書用と称してパスポートを預かる。家賃の集金をする。お釣りはきちんと渡す。無表情で、大人びている。廃屋のようなアパートだ、下水の臭いもひどい。ルーマニア人が自室に仲間を五人泊めている。一人五十ドルずつ追徴する。

新たに到着した外国人の中に西アフリカのブルキナファソ――旧フランス植民地、最貧民国のひとつ――からやって来た黒人の女性アシタがいる。赤ん坊を連れている。夫のアミドゥはすでにこのボロアパートで生活している。だが、妻の渡航費が払えない。賭事でスッてしまったらしい。給料から天引きするぞ、とロジェ。非情に取り立てるが、暴力はなし。

で、イゴールが壁の穴からアミドゥ夫妻の部屋を覗《のぞ》く。黒い肌に白いスリップ姿のアシタが見える。少年にはちょいと魅力的だ。アミドゥが、燃料ガスがほしいと言う。ここは妻には寒すぎる。しかし、金はない。イゴールは、もう賭はやめろと言って、彼にボンベを渡す。

我々からすれば非日常的な違法移民たちの日常を、情緒を挟まず、BGMを入れず、余分なセリフで説明せず、行動で見せる。ダルデンヌ兄弟はドキュメンタリー出身の監督だ。

イゴールには犯罪に手を貸しているという意識はない。むしろ一人前の仕事を任されて、嬉しそう。母親はいない。イゴールは友だちとゴーカートに乗っている場面だけ、笑顔が覗く。やはりまだ子供である。

と、労働監督官が不法就労者を調べに来るという知らせが届く。イゴールがアパートの住人たちに、「逃げろ！」と触れてまわる。ところが、アミドゥが建物の上階から転落してしまう。虫の息の彼はイゴールに妻子のことを頼み、イゴールは「約束するよ」と。だが、父子はアミドゥを病院に連れて行かず、隠す。夜になり、遺体をコンクリートパネルの中に入れ、砂利を注ぐ。

作業を終えたイゴールが家に帰り、シャワーを浴びると、靴下を脱ぎ忘れている。少年の動揺を、ここもことばを使わず、映像で見せる。うまい！

ロジェは、俺たちのせいではない、事故だ、と。彼は息子をなだめるべく、腕に入れ墨をしてやり、カラオケでデュエットする。そろそろ女も知った方がいいな、とも。愚かな父親である。しかし、彼なりのやり方で息子を愛している。監督曰く、「移民労働者の売人であるロジェを悪魔のように見せたくはなかった」（劇場公開時パンフレット）。度の強いメガネをかけた、どこかコミカルな男である。

そして、イゴールもロジェに反抗しない。父の真似をして、大人になろうとする。けれども、ロジェはアシタにブルキナファソへ帰れと言う。だが、アシタは亭主が見つからなければ警察に行く、と。ついにロジェは一計を案じて、彼女を娼婦として売り飛ばそうとする。それを阻止しようとするイゴール。でも、「親を密告はしない」とも。

イゴールとアシタの逃避行が始まる。が、いわゆるドラマティックな演出はない。警察は不法滞在者の捜索願いにも、穏やかに親切に応じる。また、子供が熱を出してアシタが病院に駆け込むと、保険がない、診療代が払えない。すると、見かねた黒人の掃除婦が不足分を払ってくれる。彼女もヨーロッパに渡って苦労してきたのだ。ちょっといい場面。

イゴールがロジェに見つかってしまう。息子は「本当のことを話そうよ」。つかみ合いになり、イゴールは父親の足を鎖で動けなくする。金はやるからこれを外せと懇願するロジェ。原題は *La Promesse*、定冠詞付きの「約束」である。アミドゥに頼まれた約束を守ることは、父親を裏切ることになる。さあ、鎖を外すか外さないか。

息子は父親を置き去りにして、イタリアの叔父のところへ行くというアシタとともに、駅へ向かう。そして、ホームに上がる階段で、「アミドゥは死んだ、転落して」と告げる。アシタは黙って元来た駅の通路を戻っていく。イゴールが彼女を追いかける。二人の後ろ姿を、見えなくなるまで見送って、幕。

ラストに結末をつけない、〝放り投げ型〟の、典型的なヨーロッパ映画である。カタルシスなし、出口は見えず、少年の成長物語にもなっていない。むろん勧善懲悪劇ではない。しかし、作り手の作為やメッセージがない分、〝ヨーロッパの中の第三世界〟の現実を考えずにはいられなくなる。

ダルデンヌ兄弟は、常に共同体から疎外された人々を撮る。彼らはこの映画の後、『ロゼッタ』（一九九九年）と『ある子供』（二〇〇五年）で、裕福な社会からは必要とされていない子供たちを取り上げて、二度カンヌ映画祭のパルム・ドール大賞を獲得している。

第7章

戦争

25 日中戦争

『鬼が来た！』

ついにアジアにもこんな諷刺喜劇を撮れる監督が現れた。僕からみれば、ヨーロッパ流のブラック・コメディ。悲劇より強烈、人をなごませる力ではなく、人を憤らせる力がある。チアン・ウェン（姜文）監督の『鬼が来た！』（二〇〇〇年、中国映画）は、カンヌ映画祭で審査員特別グランプリを獲得、しかし中国国内では上映禁止処分を受けた（後に解禁）。

冒頭はにぎやかな「軍艦マーチ」の演奏から。映画は開幕シーンでその基調を示すのが通例。そう、この作品は実に騒々しくて、しつこい戦争ものである。白黒映画、しかし……

「一九四五年華北、日本軍占領下」と字幕が出る。万里の長城の近くらしい。夜、監督自ら演じるマー・ターサン（馬大三）が、村の若後家ユィアルとよろしく致している。軍艦マーチの次は濡れ場だ。すると、誰かがマー家の玄関の戸を叩く。マーは急いで女を隠しドアを開けると、顔に銃を突きつけられ、大きな麻袋を二つ預かれ、と。「尋問しておけ。晦日の夜に取りに来る。」麻袋の中には日本軍の兵士（香川照之）と中国人通訳トン・ハンチェンが入っている。

不条理劇風、またモノクロの映像は昔話風、寓話のようでもある。

村人たちの右往左往が始まる。兵士の名は花屋小三郎、笑える名前だ。でも、花屋はさかんに

「殺せ〜」と。「生きて虜囚《りょしゅう》の辱《はずかしめ》を受けず」と叩きこまれた帝国軍人。「天皇陛下、万歳」も唱えるが、通訳はそんなことは訳せない、「馬が十四頭」と、全然違う話を村人たちに伝える。二人を預けた男は、約束の日になっても現れない。村のそばには海軍の砲台《トーチカ》があり、皇軍の兵士がウロウロしている。花屋は脱走を図る。マーたちがやっと取り押さえる。農民たちは卑屈で滑稽、厄介者の二人を殺すこともできない。

香川照之は、チアン・ウェンから徹底的に精神的なプレッシャーをかけられたという。麻袋に入れられたまま長時間放置され、カメラの前では本気で「殺せ〜」と叫んだとか。四カ月間の撮影中、一度も監督のOKは出なかった。とにかく毎日生きて帰れればそれでいい、と。そんな自分が死ぬ思いをしたシーンを、カンヌの観客が腹を抱えて笑っていたと、劇場公開時パンフレットに香川が記している。

半年がたち、村人たちは二人を日本軍に帰すことにする。花屋もだんだん命が惜しくなってきた。花屋と通訳のトンが陸軍の兵舎に戻ってくる。けれども、こわもての酒塚隊長（澤田謙也）は、迷惑者扱いをする。すでに戦死届けを送り、故郷では英雄扱いになっているとか。おまえ、捕虜になっていたのか。花屋を殴る、蹴る。暴力が常態化していた戦時中の皇軍内部の雰囲気をリアルに銀幕に映す。この殺伐とした空気があってこそ、敵に対しても当たり前のように残酷になれる。ヤクザの世界もかくや。

だが、酒塚は花屋が中国人の農民たちと交わした契約書を見て、表情を変える。農民たちとの約束を果たしに行こう、砲台を守る海軍と村で合同交歓会をやろう。おっと、契約書の日付は八月十五日となっている。なにやら嫌な予感が。

陸軍と海軍の兵隊たちが大勢、村にやってくる。日本兵と農民が一緒に酒を飲み、歌が入り、芸が披露され、ドンチャン騒ぎ。宴たけなわ、酒塚が突然花屋を腐敗分子と呼び、村人たちに因縁をつける。「軍艦マーチ」が演奏される中、大殺戮が始まる。あ〜あ、やっぱり。さんざん蛮行を演じた後、花屋が割腹自殺しようとすると、酒塚は「死ぬ必要はない」と、ポケットから天皇の勅書を出す。酒塚は終戦を知っていて、イタチの最後っ屁の虐殺におよんだ。

場面が転換して戦後、華北の街に連合軍が乗り込んでくる。だが蔣介石率いる国民党軍のカオ少佐は、イケメンだが松葉杖をつき、民衆も彼の演説に集中しない。どこか滑稽でグロテスク。また、彼の後ろにいるアメリカ兵がチューインガムを嚙みながら傍観しているのが、苦い笑いを誘う。

善玉と悪玉を分ける映画にあらず。日本軍を批判するように見せて、返す刀ですべての陣営を諷刺する。勧善懲悪とは対極、正義の味方はどこにもいない。だから、この映画を見て〝反日〟と受け取る人は、あまり賢いとはいえない。そもそも花屋と通訳を農民に預けていくのが、毛沢東の指揮した八路軍《パーロ》なのは、ちょっと戦争中のことを知っている人なら、誰にでも推測できる。戦後の中国には、毛沢東が農民を導き、農村から都市を包囲して、抗日戦争を戦い抜いたとする〝建国叙事詩〟がある。しかし映画中、八路軍の活躍は皆無、また農民たちは日本兵に怯《おび》え、へつらい、逃げまわり、彼らが美化されることはない。

中国政府が日本人以上にこの映画に腹をたてたのも、むべなるかなである。

それにしても、中国人の監督にこれだけリアルに日本軍の内実を描かれては、参ってしまう。戦争末期の皇軍内部の腐敗ぶり、陸軍と海軍の微妙な関係、上官の異常に威張りくさった態度など。チアン・ウェンは、「戦時下の気分」の再現にこだわったという。

ラストは斬首されたマー・ターサンが末期《まつご》の目で見た光景をカラーで映す。彼の生首が目を開き、また閉じ、一瞬笑う。

どす黒いコメディをよく知るヨーロッパで受けること必定の映画である。そう、諷刺喜劇には、人々を笑わせ、憤らせ、そして悲劇以上に人間の愚かさについて深く考えさせる力がある。

26 ヴェトナム戦争
『ハーツ・アンド・マインズ』

僕の大嫌いなもののひとつにアメリカのヴェトナム戦争映画がある。『ディア・ハンター』（一九七八年）、『地獄の黙示録』（一九七九年）、『プラトーン』（一九八六年）、『七月四日に生まれて』（一九八九年）などなど。世紀をまたいだ今日でも、タイトルを思い浮かべるだけで腹が立つ。そこではアメリカ人だけが苦悩していて、ヴェトナム人の姿が見えない。彼らを同じ人間だと思っていない。おまえらがやった侵略戦争だろう！　アメリカ人の傲慢さ、ここに極まれりである。

かの戦争は南北分断国家となったヴェトナムに、アメリカが共産主義勢力の攻勢を阻止すべく介入したが、すぐに足を取られて泥沼化し、やがて世界中から米帝（懐かしいことばだ）による侵略戦争と捉えられるようになった。その十五年にわたった〝民族解放闘争〟は、一応北ヴェトナムが勝った戦争ということになっている。だが、アメリカ人の戦死・行方不明者五万八千人、対してヴェトナム人の死者・行方不明者は南北合わせて八百万人を超えるという数字がある。ひどい戦争をしたものだ。そして、それをネタにして作ったハリウッドのひどい映画の数々。

ただし、ピーター・デイヴィス監督の『ハーツ・アンド・マインズ』（一九七四年、アメリカ映画）、これだけはお勧めできるヴェトナム戦争のドキュメンタリー映画である。アメリカ人だって、作ろうと思えば作れるじゃないか。アカデミー長編ドキュメンタリー映画賞受賞。日本では制作当時に劇場公開されず、一九七五年九月にテレビの深夜枠で放送された。あのサイゴンが陥落した年である。僕は、ヘエ〜、こんな戦争だったんだ、と興奮しながらテレビの画面に見入った。もう一度見たいなあと思っていた映画。

するとと、最近DVDが発売されたのを知った。しかも日本語の字幕付きで。

開幕早々、トルーマン大統領補佐官だったクラーク・クリフォードが、アメリカは第二次大戦直後、世界最強国になったことを実感しはじめたと語る。そして、フランスが独立を求めるホー・チ・ミンの共産軍と戦ったインドシナ戦争（一九四六―五四年）のニュースフィルムが流れ、「一九五四年までにアメリカは、フランスの戦費の七十八％を負担していた」と字幕が出る。ほほう、ヴェトナム戦争はJ・F・ケネディ（在一九六一―六三年）が始めた戦争と思っていたが、それよりはるか以前から介入していたわけだ。続いて反共で知られた国務長官ジョン・フォスター・ダレスが、「インドシナにおける共産側の勝利はあり得ない」と語る映像。さらに、アイゼンハワー、ケネディ、ジョンソン、ニクソンと、歴代アメリカ大統領たちのヴェトナムをめぐる演説も。

ニュージャージー州リンデンにジョージ・コーカー中尉が帰還する。故郷の人々は、この一九六六年から七三年まで戦争捕虜だったという軍人に星条旗の小旗を振り、歓呼の声で彼を迎える。英雄扱いだ。「生きて虜囚の辱を受けず」と兵士たちに教えた国とは大違い。中尉は「ヴェトナムに行ったのは、共産主義が自由の国を脅かしていたからだ」と演説する。

このドキュメンタリー映画、戦闘場面やヴェトナムの惨状を伝える映像もさることながら、さまざまな立場や階層の人々の証言が出色である。爆撃機の元操縦士は、とにかく自分の任務に没頭し、興奮を感じ、気になったのは（空爆という）ゲームの結果だけ、地上で泣き叫び、体を吹き飛ばされたヴェトナム人たちのことは想像できなかったと話す。また、ネイティブ・アメリカンの元伍長は、部族のために戦わなければいけないと教えられた、と。政府に忠誠心を示すべく、率先して戦場へ赴いたわけだ。

さらに、ヴェトナム人の話も数多く挿入されている。棺桶作りの職人は、週に八百から九百売れると語る。なるほど十五年間の戦争で八百万人が命を失ったというのも、あながち誇張ではなさそうだ。その棺桶屋も、この戦争で子供を七人亡くしているとか。ナパーム弾、クラスター爆弾、枯葉剤など、第二次大戦とは比べものにならない武器を使い、それなのに世界一の超大国アメリカがついに勝てなかった戦争である。

父親の葬式で子供たちがわんわん泣いている映像に続いて、米軍司令官のウェストモーランド大将が、「東洋では命の値段が安い、生命は重要視されないのだ」となんのわだかまりもなく話すインタビューが流れる。映画は「編集の芸術」といわれるが、アメリカ人の驕《おご》り高ぶり、差別意識を見せつけて、圧巻の編集である。

だが、それにしても、皆よくしゃべる。日本人だったら死ぬまで口外しないだろう、墓場まで持っていくであろうネガティブな話を正直に語る。くだんの英雄コーカー中尉は招かれた学校で子供たちを前に、「ヴェトナムは人間以外はきれいな国だ」と。かの国の民衆を蔑視し、それを隠そうとしない。また、元国防省顧問ダニエル・エルズバーグは、ロバート・ケネディのスピーチライターもしたという、かなりリベラルな人物のようだが、ヴェトナムの共産軍のために戦う民衆の心理がどうしても理解できない、と。

僕は若いころ、人文学部（史学専攻）に学士入学して、三年間遊ばせてもらったことがある。その時の卒論演習で、「取り上げる史料で何が語れるか、何は語れないか、史料の性格と限界を必ず序文で明示せよ」と繰り返し言われた。そりゃそうだ、ヴェトナム戦争でも、大統領のブレーンの回顧録と実際に戦場で戦った兵士の手記とでは、まったく異なる戦争の様相が浮かび上がるだろう。

その点、このドキュメンタリーは国家の政策決定者たちの視線と元兵士や民衆の目線とが交錯し、そこから見えてくるのは、総じてアメリカ人に加害者意識が希薄なこと。共産主義の脅威からアジアを救うんだと勇んで介入し、しだいに戦争は侵略者に対する民族解放闘争に変容していき、ついにアメリカが独立以来初めての負け戦を経験しただけでなく、世界中から「ヤンキー・ゴーホーム」と罵声を浴びせられた。

それでも戦争自体を悪と考えぬ、あの戦争はやり方が下手だったんだと考える多くのアメリカ人たちの本音が見え隠れする、これは自国民の愚かさを如実にあぶり出した、加害者意識にあふれる戦争映画の傑作である。必見！

*ヴェトナム戦争における死者・行方不明者の数について。数字は読む本ごとに大幅に異なる。米軍の五万八千人はよく見かける数字だが、ヴェトナム側は北ヴェトナムの犠牲者の数が不明なため、あくまでも概算である。八百万人超なる犠牲者数は、多くの人の目に触れるという意味で、Wikipedia（日本語版）の数字を挙げておいた。

27 アイルランド独立戦争

『麦の穂をゆらす風』

カンヌからケン・ローチがパルム・ドール大賞を獲得したというニュースが流れた時、長年の功労に報いる〝名誉賞〟といった意味合いなのだろうと思った。題材もアイルランド独立紛争の話とか。何を今さら、愛蘭土《アイルランド》!? ケン・ローチ、六十九歳、さすがのイギリスの名匠も、若いころの作品に比べてちょいと甘めの映画を撮るようになった、左翼の闘士も丸くなったかなという印象があった時期である。

だが、半年後、日本の映画館で見た『麦の穂をゆらす風』（二〇〇六年、アイルランド・イギリス・ドイツ・イタリア・スペイン合作映画）は、いや、参りました。痛烈！ みごとにトンガッている。名誉賞どころではない、おそらくは彼の代表作として後世に残るであろう。

冒頭は、緑まばゆき南部コーク州の片田舎で若者たちがハーリング、アイルランド人たちがよくやるホッケーのような競技をしている。「アイルランド、一九二〇年」と字幕が出る。七百年以上続いたイングランド支配から脱すべく独立戦争の真っ只中である。

主人公のデミアン（キリアン・マーフィー）は村の秀才、医学を志し、大英帝国《ブリティッシュ・エンパイア》の帝都ロンドンの病院に勤めることになる。世話になった老人ペギーの家に別れのあいさつに行くと、そこに治安部隊「ブラック・アンド・タンズ（Black and Tans）」がやって来る。第一次大戦の戦場から帰ったばかりの荒くれ者集団、急造で警察の制服が間に合わず、黒い帽子にカーキ色の軍服を着ていたためについたあだ名だ。

かの地ではあらゆる集会が禁止、ハーリングをしていただけでとがめられる。ペギーの孫は、英語名のマイケルではなくミホールとゲール語で名乗ったことから悶着となり、惨殺される。ケン・ローチはブラック・アンド・タンズの残虐さを手かげんせずに見せる。

デミアンは仲間から祖国にとどまれと言われるが、自分の能力を生かせぬ植民地から脱出したい願望は抑えきれない。しかし、駅で列車の運転手がイギリス兵たちの乗車を拒否して暴行され、それでもたじろがない姿を見て、ついに故郷で独立義勇軍（アイルランド共和軍、ＩＲＡ）の兵士となり、リーダー格の兄テディとともにゲリラ戦を戦う決意をする。

夜、イギリス軍の兵舎を襲う。火薬に火をつけるが、すぐに消えてしまう。パッとしない奇襲である。でも、なんとか武器を盗みだす。戦闘開始。だが、ほどなく部隊は一網打尽にされる。テディの尋問は、ペンチで爪を抜かれる。ウワッ、痛そう。テディの叫び声。

けれども、デミアンが取り調べ室で独立の大義を語ると、英軍将校は「おまえは何様のつもりだ。俺たちだってソンムで戦った」と。ソンムは第一次大戦最大の会戦が行なわれた土地。そう、イギリス軍からすれば、世界大戦の死闘の最中に、裏庭たるアイルランドから弾が飛んできた。彼らの心情もセリフの端に添えている。勧善懲悪の映画にあらず。

デミアンらは脱獄に成功、自分たちの居場所をリークした幼なじみのクリスと彼の雇い主の地主

（ロジャー・アラム）を捕らえる。が、上層部から彼らの処刑命令が下ると、デミアンは悩む。医者を志したのに、今は人を撃たなければならない。クリスを処刑する、「それだけの価値がある戦いなのだろうか」。非情な話を非情なタッチで描く。

残酷な殺戮戦は続く。ペギーの家が焼き討ちされ、彼女の孫シネードの髪がこれ見よがしに大きなハサミで切られる。脚本を書いたポール・ラヴァティは人権派の弁護士、一九八〇年代に中米をまわり、治安部隊がいかに傍若無人かを目の当たりにしてきた人である。

また、映画は首都ダブリンの様子を一切映さず、田舎の名もなき人々の抵抗運動を追う。独立運動史上に有名な人々は登場せず、セリフの中に名前が出てくるだけである。ケン・ローチ映画の常、天下国家の目線ではなく、民衆の目の高さで物語を綴《つづ》る。

子供が手紙を持ってくる。でも、あれ、ポケットにない。どこにやったんだ。これか？　道に落ちていた。「休戦宣言。」ハリウッドなら、さぞや感動的な場面に演出するだろうに。

アイルランドは一九二一年にイングランドと講和条約を結び、翌年独立する。しかし、それは完全独立からはほど遠く、英連邦内の自治領としてであった。それがために自治領容認派と完全独立派との間に内戦が勃発する。ある意味では、イングランドに内部分裂を仕掛けられた講和であった。

映画は前半でともに独立戦争を戦った兄弟が、後半では敵味方に分かれて対立する。共和国としての完全独立を要求するデミアンは、しかしあっけなく逮捕される。ここも格好よく描かない、ヒロイズムのかけらもない。自治国政府側につくテディは牢獄の弟に、おまえの仲間の居場所を教えて恩赦を受けろと懇願する。だがデミアンは、クリスを撃ち殺した自分が、今さら仲間を裏切れるはずがないじゃないか、と。ついに兄は弟を処刑する。

刺すように厳しい、痛い作品である。いったいハリウッドでは、見る者が必要以上に痛みを感じないように加工する技術がすっかり出来上がっているのをご存じか。だから、アメリカの戦争映画を見て、その残酷さに吐き気をもよおすことは、戦争の真実を知ることは、絶対にあり得ない。しかしローチは、戦争映画にかぎらず、どの作品でも暴力には痛みがともなうという当たり前の事実を観客に痛感させる映像を作る。

『麦の穂をゆらす風』を見終わると、アフガニスタンやイラクを思わずにはいられなくなる。外国軍が撤退した後の方が悲惨な状況に陥る。人間は歴史上、何度も同じ愚を繰り返している。いや、ローチはそんなことはおくびにも出さないで、ひたすら映画封切り時から八十五年ほど前の、ヨーロッパの西の果ての国で起こった出来事を語っているだけである。だが、世界を俯瞰《ふかん》で見渡さなくても、ひとつの地域の特定の史実を深く掘り下げれば、そこからは普遍的な真実が浮かび上がってくる。

ケン・ローチのアイルランド史劇は、救いなき現代の姿を照射して我々を震撼《しんかん》させる。脱帽！

28 イラク戦争

『ルート・アイリッシュ』

もう一本、ケン・ローチの作品を紹介したい。二〇一二年に僕が見た映画のベストワンは、『ルート・アイリッシュ』（二〇一〇年、イギリス・フランス・ベルギー・イタリア・スペイン合作映画）だった。『麦の穂をゆらす風』はイラク戦争を暗示するだけにとどめたが、それでは気が済まなくなったのだろう、名匠はイラクの現状と大義なき戦争にかかわったイギリス人たちを俎上《そじょう》に載せた。

イラク戦争の民間兵、昔でいう傭兵を扱った作品である。時は冒頭の字幕に二〇〇七年と出るから、〇三年の開戦から四年が経っている。すでに正規軍同士の戦闘は終わっている。だが、その後もイラク国内の治安は悪化したまま。「ルート・アイリッシュ」とは、バグダッドと空港の間の、世界一危険な道路の名だという。

リヴァプールを流れるマージー川のフェリーの甲板で、ファーガス（マーク・ウォーマック）がフランキー（ジョン・ビショップ）の残した留守電のメッセージを思い出している。クレジットになると、少年時代の二人が同じくフェリーの上で、海外へ行くならどこがいいかな、と話している回想シーンがバックに映る。二人は親友同士らしい。船尾のユニオン・ジャックがチラリと見える。

そして、教会の扉が開く。フランキーは棺の中。遺体の損傷が激しいというので棺は封印されているが、ファーガスは人がいなくなったのを見計らって、蓋を開ける。

フランキーはルート・アイリッシュでゲリラに襲撃されて殺された。彼を戦地のイラクに誘ったのはファーガスだった。また、イラクに残してきた親友から緊急の電話がかかってきた時、ファーガスは喧嘩をして留置場に放り込まれていて、彼と話ができなかった。いったい何があったんだ？悔やんでも悔やみきれないファーガス。

そのファーガスは、風体からしても話している英語からしても明らかに労働者階級なのに、マージー川に臨む瀟洒《しょうしゃ》なマンションに住んでいる。はて？――セリフの中に、「月に一万ポンド、しかも非課税の仕事」とあるから、戦場で高い報酬を得ていたようだ。

ファーガスは友人を介して手に入れたフランキーの携帯電話をたよりに、彼の死の真相を調べはじめる。携帯電話にはフランキーの同僚ネルソンが無実のイラク市民を誤射した動画が残っていた。その事件後、フランキーは何らかのトラブルを抱えていたらしい。彼を雇っていた軍事会社は何かを隠している。

ケン・ローチはサスペンス映画をよそおいながら、昨今の「民営化」された戦争の暗部に迫る。イラク駐留の米軍兵士が約二十万人、対してコントラクター（民間兵）がおよそ十六万人いたというから、その数の多さが実感される。彼らはアメリカが強引にイラク議会を通過させた「指令第十七号」により、いかなる行動をとっても現地の法律では裁かれない。まさに無法者たり得た。また、戦場で亡くなった国軍の兵士たちは国家によって手厚く葬られ、家族への補償も高額の金を要するが、彼ら「傭兵」はさにあらず。月に一万ポンド支払っても、後腐れなく、コスト的にも安くつくわけである。

　監督は労働者階級のファーガスを主人公すなわち視点人物に据えることにより、物語全体を見渡す目線を下げている。ハリウッドの戦争映画が国家の目の高さから英雄然とストーリーを語りたがるのと好対照である。戦地に駆り出されるのは、常に下層階級だ。国内で仕事にあぶれ、大金に釣られて戦場に赴き、あるいは戦死し、あるいは帰国しても身心の後遺症に悩む。戦争でいちばん苦しむのは、国家でも英雄でもなく、いつの時代でもどこの国でも底辺の人々である。

　物語はファーガスと帰国したネルソンの闘いになる。ファーガスはネルソンを拉致して、拷問する。イラクのアメリカ兵たちの唱えた〝血が出なければ問題なし〟を実践した水責めである。ふつうの戦争映画なら、格好をつけてなかなか口を割らないものだが、ネルソンはベラベラしゃべる。助かるためなら何でも話す。現実にはこんなもんか。ついに息ができない苦しさから、「俺がやった」と。ブラックアウト。

　で、話はまだ続く。別の証言から、ネルソンはそのころアフガニスタンにいた、フランキーを殺せるはずがなかったとわかる。俺はとんでもない勘違いをしていた。興奮して車で飛び出すファーガス。ほどなく軍事会社の社長とその片腕、さらに罪のない女性社員までが車に仕掛けられた爆弾で吹っ飛ばされる。

　ラストは、マージー川のフェリー上でファーガスがフランキーの妻レイチェルに電話をする。だが、彼女は出ない。そして……苦い苦い幕切れ。

ある人間がこれこれの環境にいて、こういう状況になったら、当然こんな行動をとるだろう、そうなったら次はこう考えてと、いちいち心理の細かい綾までリアリズムに徹して説得力がある。そして結末は、ここで主人公を助けたら、嘘になるよと言わんばかり。

相変わらず厳しいなあ。ケン・ローチは反体制の姿勢を一歩も崩さず、労働者の側からの視線も健在、また弱者に共感はすれど無用な救いは描かない。老いてなお丸くならない、まだ世の中と闘っている。彼の映画の後味の悪さは、彼の誠実さの証《あかし》といえよう。襟《えり》を正さざるを得ない秀作である。

第8章
戦争責任

29 図式的な理解でなく

『過去の克服』

戦争の次は、余勢を駆って戦争責任の話である。快い話題ではない。だからこそ、わかりやすい、くどくどしていない、図式的な解説が求められる。ドイツの場合、「第二次大戦はヒトラーとナチスが悪い」と片付けてしまうのが、いちばん簡単だ。でも、多少なりとも〝負の歴史〟を知ろうとすれば、事はそう安易に割り切れるものではないことが、すぐに実感される。やはり、一度根っこから理解しておかないと、ステレオタイプの説明ほど危ない。

戦後のドイツ映画に関するにわか勉強――僕の場合、何もかもにわか勉強――のために、独文の同僚に本を紹介してくれと頼んだら推薦されたのが、石田勇治『過去の克服――ヒトラー後のドイツ』（白水社、二〇〇二年）だった。やっつけ勉強のおかげで、極上の書物に出会えた。

本のタイトルになっている「過去の克服」とは、第二次大戦後に誕生したドイツ連邦共和国の初代大統領テオドーア・ホイスによって人口に膾炙《かいしゃ》したことばだという。現在では、戦後ドイツがナチス時代の「負の遺産」の清算のために取り組んできた活動を総称する概念だが、その足跡をたどると「そこにはこれを促す力と、これを押しとどめる力が作用していることがわかる」と、石田は語る。自国の過去を真摯に反省し、未来への教訓を導き出そうとする人々と、それを「自虐的だ」

と切って捨て、「いい加減ケリをつけよう」と主張する人々のせめぎ合い。日本の戦争責任を議論する際にも他山の石とすべき、現代ドイツの後ろ向き《ネガティブ》に沈まぬための格闘史が見てとれる。

ユダヤ人大虐殺《ホロコースト》は、「ヨーロッパ近代の人種主義が伝統的な反ユダヤ主義と結合し、ナチ体制下のドイツで国家の支配原理となったことから生じた組織的な犯罪」だった。人種主義、それはチャールズ・ダーウィンの進化論に象徴される「生物学革命」から知的養分を得、「欧州列強の海外進出とともに生成」されていった。十九世紀後半のイギリスで誕生した優生学は、人間の遺伝的劣化を阻止しようとした。また、ドイツでは反ユダヤ主義者たちが、ユダヤ教徒を「宗教的な少数派とはみなさず、ドイツ国民とは原理的に異なる独自の「人種」と位置づけた」。これも十九世紀後半、ドイツ第二帝国成立（一八七一年）以降の傾向だという。

一九三三年に政権を奪取したヒトラーは、ユダヤ人を「民族共同体の異分子」として排除する方針を打ち出した。すでに戦争への意思を固めていた独裁者はユダヤ人を、戦争準備を妨げかねない危険な集団とみなす。当時のユダヤ人は全人口の〇・七六％、約五十万三千人。悪名高き「ニュルンベルク人種法」（一九三五年）により、ユダヤ人とドイツ人の結婚・婚外交渉を禁止し、ユダヤ人の市民権を剝奪する。当初はユダヤ人を国外退去させる政策を検討したが、各国が受け入れを拒み、ヒトラーは国内ユダヤ人の処遇に関して自由裁量を得たと考えた。

折しもヒトラーは、次々と外交的勝利を重ね、国際連盟を脱退、徴兵制を導入し、世界恐慌にあえぐ各国を尻目にドイツ経済を立ち直らせ、彼の人気はうなぎのぼりに上昇した。ついに一九三九年九月、ポーランドに侵攻して、第二次大戦勃発。そのポーランドにいるユダヤ人二百五十万人をどうするか。ソ連に勝利すれば、東方に追放できる。

だが、一九四一年六月に戦端を開いた独ソ戦――第二次大戦のヨーロッパ戦線は、ドイツとソ連による「絶滅戦争」、文字通りの皆殺し戦争がその本質――は泥沼化し、ヒトラーはユダヤ人の東方への追放計画を断念、四一年秋から絶滅収容所の建設を始めて、彼らを抹殺する政策に転じた。いきなりホロコーストにおよんだわけではない。諸状況の積み重ねのうえに、しだいにエスカレートしていった。また、虐殺に関する信頼できる情報は、大戦終盤まで連合国の手に渡らなかった。ないしは連合国の側にも反ユダヤ的な感情はあり、もし知り得た情報を公表すれば、「ユダヤ人救済のため」の戦争と受け取られて、自軍の士気が揺らぐ、と。ほほう。

大戦初期から、ドイツの戦争犯罪人を処罰することが、連合軍の戦争目的のひとつとされた。しかし、誰を、どのように、何を根拠に？　ドイツ国民全体を集団として犯罪者とみなす国民責任論と呼ばれる考え方がある一方で、指導者と国民を分ける考え方も存在した。結局、ドイツの徹底抗戦を避けるために後者が優勢となった、と。なるほど。

けれども、指導者と一般国民をどこで線引きする？　終戦時のナチ党員は約八百万人！　とんでもない数字である。戦後の国際軍事法廷「ニュルンベルク裁判」（一九四五年十一月―四六年十月）には、「平和に対する罪」、「人道に対する罪」、そして共同謀議罪が、戦犯を裁く新たな法理として準備された。

アメリカ軍はニュルンベルク裁判を、ドイツ人に罪を自覚させるキャンペーン、彼らを「再教育」する場にしようと考えた。しかし、「これは君たちの罪だ」と反省を迫る押しつけがましさ、一方ドイツ人たちの「自分は知らなかった」、「ヒトラーに騙された」ということばの説得力のなさ。ヘヘエ、どちらもむべなるかな、ですな。

ほどなく米ソ冷戦への対応が急務となり、アメリカの占領政策は「懲罰から復興」へと転換する。ドイツ再独立。アメリカはドイツ再軍備を要求するが、それは旧軍の軍人たちの助力なくしてはできない相談だった。

一九五〇年代は、西ドイツが奇跡の経済復興を遂げた時期である。そのころ、戦後補償の機運も高まっていく。賠償と補償——国家による賠償とは別に、戦争被害者たちへの個人補償——、二十一世紀の日本にとっても、重くのしかかっている課題である。

さらに、アイヒマン裁判、西ドイツとイスラエルの関係、また東ドイツはいかなる姿勢を示したか、時効論争、ヴィリ・ブラントの登場と新東方外交、歴史家の世代交代と学説の変化、歴史教科書問題、テレビドラマの影響、ベルリンの壁の崩壊……

「現代ヨーロッパの「過去の克服」」と題した短いエピローグも秀逸である。ホロコーストがヒトラーとナチだけでできたはずはない。ナチの金塊を預かったスイスの銀行の責任は、またフランスも、ド・ゴールの「国民総抵抗神話」にもかかわらずユダヤ人の虐殺に協力している、そしてポーランドも、アメリカ企業も、オーストリアも。

広い見識と絶妙のバランス感覚に支えられた現代ドイツ史家による力作である。必読。

30 誰がいちばんの悪党か

『オデッサ・ファイル』

寝っ転がって読みながら、ドイツの戦争犯罪と戦争責任の捉え方を学べる有難い推理小説に、フレデリック・フォーサイスの大ベストセラー『オデッサ・ファイル』（篠原慎訳、角川文庫、一九八〇年、原著一九七二年）がある。いきなり石田勇治の本はきついという人は、まずこの気骨あるエンタメ小説からお読みになってはいかがだろうか。

前書きに、ナチ親衛隊（Schutzstaffel, SS）とオデッサ（ODESSA）についての解説がある。親衛隊はアドルフ・ヒトラーのもと、ハインリヒ・ヒムラーが組織した「国家の中の国家」、最大の任務は〝スラブの劣等人種〟を奴隷化し、ユダヤ人を抹殺することにあった。SSは、ユダヤ人約六百万、ロシア人五百万、ポーランド人二百万、ロマ五十万、他に五十万人の計千四百万人を虐殺した。ユダヤ人だけではない、心身障害者、共産主義者、ナチスを批判する神父、ヒトラーに忠誠を誓わぬ国防軍将校など、いわゆる第三帝国の敵を片っ端から殺害した。

SSの高級幹部は、ドイツ降伏後にこの残虐行為がどのようにみなされるかを十分承知していた。「彼らは敗戦の屈辱と困苦を一般ドイツ国民に負わせて、自分たちだけが新しい生活へ逃亡できるよう、ひそかに準備を行った。」その元親衛隊員たちの逃走を援助するために実在した組織がオデッサである。
フレデリック・フォーサイスはイギリスのケント州生まれ、大戦中は空軍の戦闘機乗り、戦後はロイター通信の海外特派員となり、ベルリンの壁が築かれた直後の時期には、東ベルリンから西側へ記事を送っていた。その国際派ジャーナリストとして知り得た奇々怪々なる国際政治の裏側を題材にして、後に犯罪小説を書きはじめる。ド・ゴール暗殺計画を緻密に描いた『ジャッカルの日』（一九七一年）、傭兵の目線でアフリカを食い物にする資本家たちを凝視した『戦争の犬たち』（一九七四年）――学生時代にワクワクしながら夜を徹して読んだなあ。そして、もちろん、『オデッサ・ファイル』も。

開幕は、一九六三年十一月二十二日、ケネディ暗殺の日である。読者に物語の起こった時期を想起させる、巧みな書き出し。ドイツ人のルポライター、二十九歳のペーター・ミラーはハンブルクを走る自動車の中で、アメリカ大統領暗殺の臨時ニュースを耳にする。彼は車を通りの脇に止めて、ラジオに聞き入った。すると、救急車のサイレンが響いてきた。彼はとっさに追いかける。救急車の向かった先には、ガス自殺した老ユダヤ人の遺体があった。

老人の名はザロモン・タウバー、彼はバルト三国のひとつ、ラトビアのリガにあった強制収容所の生き残りだった。ミラーはタウバーの残した日記を手に入れ、読み進めるうちに、悲惨な収容所の実態を知る。老人は生き延びるためにカポ――ユダヤ人を監督する囚人頭で、同胞からはドイツ人以上に憎まれた――になり、殺される妻を黙って見送り、彼の魂は無惨に死んでしまった、と綴《つづ》られていた。収容所長はエドゥアルト・ロシュマン、ユダヤ人八万人を惨殺して〝リガの虐殺人〟

と呼ばれた実在の親衛隊将校である。敗色濃くなった撤退時の港では、彼に逆らう国防軍の大尉まで射殺したと、老人は記す。

そのロシュマンをここ、ハンブルクでタウバーが先月目撃したというのだ。戦争犯罪人がドイツ国内で、自由に、大手を振って生きている！　ミラーは周囲の反対を押し切って、ロシュマンを追いはじめる。ほどなくイスラエルの諜報組織「モサド（MOSSAD）」が彼に接触してくる。ミラーは元SS隊員に変装して、オデッサの組織に潜入する。だが、オデッサの殺し屋も彼を追走する。追う者と追われる者のサスペンス、そして戦後の若い世代のドイツ人が、呪われた自国の過去を知る物語……と、ヘッヘッヘッ、面白そうでしょ。

大量虐殺のほとんどは東欧、鉄のカーテンの東側で行なわれた。しかし、ソ連は何も伝えず、犯人たちの九十％は西側の占領地域に逃げている。ロシュマンも終戦直後、SSの殺人者への追及が最も厳しかったころ、偽名を使ってドイツ国内の英軍捕虜収容所に入っていた。そこがいちばん安全だと考えたのである。彼はその後南米へ逃れ、今またドイツに舞い戻って、エジプトのナセルがイスラエルを攻撃するために開発しているロケット研究の責任者に収まっている。一九六〇年代の複雑な中東情勢も周到に組み込んだ小説。

実在の人物はロシュマンだけではない。ミラーが出会うジーモン・ヴィーゼンタール、彼はアウシュヴィッツへ多くのユダヤ人を送り込んだ親衛隊の最高責任者のひとり、アドルフ・アイヒマンを潜伏中のアルゼンチンで発見した人物として世に知られる。世界中の注目を浴びたアイヒマン裁判が一九六一年、戦犯は翌年処刑されている。

ミラーがその有名なナチス・ハンターに、ドイツ人はこの二十年間、我々全員に罪があると言われつづけてきたと語る。すると、ヴィーゼンタールはそれをきっぱりと否定して、曰く。特定の殺人者が裁きを受けずに逃れているのが問題なんだ、六千万ドイツ人全体に罪があるとする考え方は、元々連合国で生まれたもの、しかし元SS隊員たちはその「全体有罪論」の陰に隠れてまんまと逃げ延びているよ、と。

また、敗戦直前の東部戦線では、親衛隊が逃亡計画を完了するまでの時間かせぎに、SSを嫌悪していたはずの国防軍の兵士たち数百万人が必死にソ連軍と戦っていた。さらに戦後、ナチスの戦争犯罪を断罪せよと主張する政治家はほとんど当選していない。だって、殺された六百万のユダヤ人は投票しないが、五百万の元ナチス党員は、あらゆる選挙で投票するのだから、と。なるほど。

ついにミラーがロシュマンと対決する。おっと、ロシュマンは『オデッサ・ファイル』発表の五年後、一九七七年に南米パラグアイで天寿をまっとうしている。フォーサイスは小説にいかなる結末をつけたのか。ヘヘエ、それはさすがにここには書けません。どうぞご自分で、寝っ転がってお楽しみあれ。

31 止められなかった人間は加害者か

『ニュールンベルグ裁判』

スタンリー・クレイマー監督の『ニュールンベルグ裁判』（一九六一年、アメリカ映画）は、ハリウッドの法廷ものを好まぬ僕があえてお勧めする劇映画《ドラマ》。日本人は次節で紹介するドキュメンタリー映画『東京裁判』の方がいいと言うだろうが、どうしてどうして、ドラマもまんざらではない。ミソは、国家の最高指導者たる軍人や政治家たちを裁いたニュールンベルグ（ドイツ語原音に近いのは「ニュルンベルク」）裁判ではなく、それに続く「ニュルンベルク継続裁判」を題材にした点である。ヒトラーに逆らえば命の危険にさらされた苦難の時代に、ナチスの蛮行を制御しようと努力しながら、結果的にユダヤ人を強制収容所へ送り込む手助けをしてしまった法律関係者を加害者として裁けるか否か。

一九四八年、まだ廃墟から復興せぬニュルンベルクに、アメリカ人の裁判長ダン・ヘイウッド（スペンサー・トレイシー）がやって来る。自分は十番目以下の候補者だった、被告人には判事もいる、誰もやり手がいないので田舎者の私が頼まれた、と。

裁判が始まる。被告四人のうちのひとり、エルンスト・ヤニング（バート・ランカスター）は世界的に名を知られた法律家で法務大臣も務めた男、法廷では罪状認否からずっと無言を貫く。彼の弁護人ハンス・ロルフ（マクシミリアン・シェル）が言うには、起訴状で最も重要な案件は、断種法とホフマン事件であろう、と。

ヤニングの恩師が証言する。司法の人間で独裁者に抗議した者は辞職させられ、他の者たちは新しい環境に適応した。また、ナチスは新たな法律を制定して〝反社会的な〟人間には断種を義務づけた、と。だがロルフは、すでにナチス以前から精神障害者や犯罪人には断種が行なわれていた、さらに外国でも断種に賛成する者は多かったとして、米ヴァージニア州の最高裁判事の所見を読みあげる。

宿舎としてあてがわれたお屋敷に帰ったヘイウッドが、世話係のドイツ人夫婦に聞く。ヒトラーの時代、日々の暮らしはどんなだったか、政治には無関心でも何が起きていたかは気づいていただろう、いやここは法廷じゃない、ただ知りたいだけだ、と。使用人はびくびくしながら答える、我々はしがない庶民、息子は戦死し、娘も空襲で死んだ、戦時中は食糧不足で悲惨だった、たとえ収容所のことを知っていたとしても、我々に何ができたでしょう。

また、お屋敷の元の持ち主はベルトホルト夫人（マレーネ・ディートリッヒ）、貴族の娘で夫は将軍、二人ともヒトラーを憎み、しかし大戦が終わると夫は戦犯として連合軍に処刑された。夫人が毅然として話す、私にはドイツ人全部が怪物ではないことをアメリカ人に伝える使命がある。彼女が酒場から聞こえてくる歌声に合わせて「リリー・マルレーン」を口ずさむシーンがある。ドイツからハリウッドへ渡ったディートリッヒは、ヒトラーの帰国要求をはねつけ、アメリカの市民権を取り、大戦中はこの歌を十八番《おはこ》にしてヨーロッパ各地の前線将兵を慰問して回った。ヒトラーはむろん怒り心頭だったという。

夫人はヘイウッドに、デミカップでコーヒーを振舞う。場面が転換すると、検察側のアメリカ人、タッド・ローソン大佐（リチャード・ウィドマーク）らがオフィスで紙コップに入れたアメリカン・コーヒーをガブガブ飲んでいる。この映画、細部にドイツとアメリカの文化的な差異をあれこれ潜ませているので、ご注目。

新たな証人として、ローソンがベルリンから、アイリーン・ホフマン（ジュディ・ガーランド）を呼んでくる。ユダヤ社会の指導者だった商人フェルデンシュタインが、十六歳のドイツ人の娘アイリーンと親密な関係を持ったという罪で告訴された。『過去の克服』の節に出てきた「ニュルンベルク人種法」により、アーリア人と性的関係を結んだ他人種は死刑に処す、と。そのでっち上げ裁判の判事を務めたのがヤニングであった。判決はユダヤ人に死刑、アイリーンには偽証罪で二年の懲役が言い渡された事件である。

ローソンは機が熟したと考え、米軍が強制収容所の惨状を撮影したフィルムを法廷で上映する。そう、裁判の冒頭から終始ナチスを、そしてドイツ人の罪を糾弾して、決して好印象を与える人物ではなかった急進派のローソンが、ここで大戦末期に強制収容所の解放部隊にいたことがわかる。彼の本音を知れば、観客は過激なローソンにかえって好感を持てるようになる。

しかし、ベルトホルト夫人は、「あれは大佐のとっておき、いつも見せたがるのよ」と突き放す。ロルフも翌日、ショッキングな映画だったが、この裁判の証拠にはならない、検察側はドイツ人全員に責任があることを証明したいのだ、と声を荒げて非難する。観客はここでまた、自らの視点と感情を揺さぶられる。

と、ハリウッドによくあるカウボーイ的な正義を振り回す作品にあらず。そこがいい。

ロルフは、結局ヤニングの起訴理由はフェルデンシュタインをめぐる裁判の件しかないとして、アイリーンをふたたび喚問する。だが、その熾烈《しれつ》な追及に、ヤニングが静かに立ち上がり、彼を制止する。これまで沈黙を守っていたヤニングがついに証言台に立つ……

時あたかもソ連がベルリンを封鎖し、共産主義の脅威が眼前の危機となってくる。アメリカはドイツ人の支援が必要となる。ドイツの責任を問う裁判への風当たりも強くなる。

熟慮の末、ヘイウッドが下した判決は——有罪。ローソンが意外という顔をする。検察側でさえ予期しなかった判決である。被告人たちは全員終身刑。

後日、ロルフがヘイウッドに言う、「賭けてもいい、あなたが終身刑にした被告たちは五年後には釈放される」。そして終幕の字幕には、「裁判は一九四九年七月十四日に終了、有罪となった者九十九名、しかし現在服役している者はいない」と。

苦い結末。まだ赤狩りの悪夢が完全には冷めやらぬ時期に制作されたハリウッド・リベラルの映画人たち渾身《こんしん》の秀作である。

32 何がどう裁かれたのか

『東京裁判』

ドイツばかり論じていても仕方ない。日本の話である。小林正樹監督の『東京裁判』（一九八三年）は、いずれ憲法改正に関する国民投票もありそうなこのご時世、その予習がたった四時間三十七分でできる有難いドキュメンタリー映画である。

「東京裁判」とは何だったのか、何が裁かれ、何が明らかにされたのか。アメリカの国防総省《ペンタゴン》が撮影し保管していた膨大な量の記録フィルムが、裁判後二十五年たって公開された。『東京裁判』は、その解禁フィルム約九百三十巻（百七十時間分）を中心とし、さらに世界中から集めた映像史料を加えて制作・編集された記録映画である（劇場公開時パンフレット）。

開幕は、ドイツの廃墟、鷲の国章が落ちてくる映像から。ほほう、ドイツからか。一九四五年七月、トルーマン、チャーチル、スターリンの三巨頭がベルリン郊外のポツダムに到着した様子が映る。会談では、ヨーロッパの戦後処理問題はほとんど合意に達しなかった、と。すでに米ソ冷戦が始まっている、その中での東京裁判という視点が、この映画にはある。

八月六日広島に、九日には長崎に原爆が投下される。そして八月十五日、天皇の玉音放送がラジオで全国に流される。この終戦の詔勅《しょうちょく》、毎年夏になるとテレビの特集番組などで耳にする音声だが、しかし全文聞けるのは珍しい。けっこう長いのでスクリーンにはその間、皇居前に土下座する人々、南方戦線の戦場の様子、サイパン島の崖から飛び降りる人たち、B29による東京大空襲、神風特攻隊の戦闘シーンなどが映される。これは大東亜戦争の敗北だけでなく、明治維新以来の大日本帝国の時代の終わりを意味したと、ナレーション。

厚木飛行場に連合軍最高司令官ダグラス・マッカーサーが降り立つ（八月三十日）。戦艦ミズーリ艦上での降伏文書調印（九月二日）、昭和天皇とマッカーサーの歴史的な会談（九月二十七日）。興味深いのは、敗戦にともなう武装解除が広大なアジア・太平洋の全域で、天皇の命令によって整然と行なわれたこと、それは連合軍にとって昨日までの激しい抵抗を考えると、まさに奇跡であった、と。そう、およそ戦争なるもの、停戦後の疑心暗鬼の時期に敗軍の武装を解除させる作業のいかに困難なことか。武器を捨てたとたんに殺される可能性がある。ナレーションは、「日本軍は天皇のために戦いを行ない、天皇の名において戦いをやめたのである」と。

銀幕には、GHQ（進駐軍の総司令部）、東条英機の自殺未遂、思想犯の釈放、BC級戦犯を裁くマニラの軍事法廷、ニュルンベルク裁判、巣鴨プリズンの改造、戦犯の指名、近衛文麿の自殺、共産党の活動、天皇の人間宣言、復員船、チャーチルの「鉄のカーテン」演説などを次々と映す。東京裁判はニュルンベルク裁判の条例を引き写し、同じ性格の裁判をめざし、市ヶ谷の旧陸軍省（現陸上自衛隊市ヶ谷駐屯地）に設置された法廷は、ニュルンベルク裁判のそれを模して改造された、と。四月二十九日、天皇の誕生日に、A級戦犯二十八名の氏名が発表される。

昭和二十一年五月三日、いよいよ極東国際軍事裁判、通称東京裁判が始まる。映画はここまで四十分。僕のように昭和の、戦後の生まれの人間にとっては、繰り返し書物やテレビなどで目にしてきた写真や映像で、敗残の日本の様相をざっと復習できる。また、若い人たちにも、わが国の克服すべき過去を知るうえで一度は見ておいて損のない貴重な映像史料の数々といえよう。

法廷第一日。裁判官は降伏文書に署名した連合国から一名ずつ、それにフィリピン、インドからの計十一名。ずいぶんな人数である。裁判長はオーストラリアのウィリアム・F・ウェッブ。午後から起訴状が朗読される。一九二八—四五年の日本の内外政策は犯罪的軍閥に支配されていた、と。真珠湾攻撃に始まる大東亜戦争ないしは太平洋戦争だけではない、わが国が満州に進出しはじめた時期からの十七年あまりの歴史が問われる。

そう、日本はアメリカに宣戦布告する以前からすでに中国と泥沼の戦争を続けていた。記憶すべきは真珠湾と広島・長崎だけではない。これは大切な認識である。

膨大な起訴状の中に、『過去の克服』の節にあった「平和に対する罪」と「人道に対する罪」なる文言が記されている。ニュルンベルクに倣《なら》って準備された新たな法理である。そして、侵略戦争への共同謀議があった、と。おかしいのは被告のひとり、賀屋興宣《かやおきのり》の言を引いた一節である。ナチと一緒に超党派的に侵略計画を立てたというが、そんなことはない、軍部は突っ走ると言い、政治家は困ると言い、おかげでろくに計画もできずに戦争になってしまった、「それを共同謀議などとはお恥ずかしいくらいのものだ」。このドキュメンタリー、苦笑できるところが多々ある。

例えば、東亜の論客と謳われた超国家主義者の大川周明被告が、精神不安定になり——狂気か狂言か――、前の席にいた東条英機の頭をポンと叩く。東京裁判のエピソードとして僕も話には聞いていたが、映像で見るのはこの映画が初めてだった。おゝ、これか。

裁判管轄権問題。難しくなってきたぞ。東条の弁護人の清瀬一郎が、この法廷には「平和に対する罪」、「人道に対する罪」で被告を裁く権限なし、と。「ある行為を後になってから法律を作って処罰することは近代法の大原則に背く」ことになる。ごもっとも。だが、もちろん却下。

巷《ちまた》では食糧危機が頂点に達する。吉田茂が総理大臣となるが、食糧メーデーで大衆は反動内閣反対を叫んだ。マッカーサーが輸入食糧を放出して、吉田を救う。長くて、ある意味退屈な法廷の記録映画、監督はところどころに裁判当時の世相も挿入し、それが作品の緩急にもなっている。

検察側の論告が始まる。アメリカ人のジョゼフ・B・キーナン首席検事が冒頭陳述を行ない、これはふつうの裁判ではない、文明のための戦いであると宣言する。

満州段階。「戦前・戦中の日本人にとっては、単に地図の上の名称ではなかった」満州。資源の乏しい大日本帝国にとって、その未開の荒野は無限の可能性を秘めたフロンティアだった。昭和初期の不況の中で、一九三一（昭和六）年の柳条溝（湖）事件を発端に満州事変に突入し、翌年満州国を成立させる。わずか十三年で消えた日本の傀儡《かいらい》国家が法廷で問われる。銀幕では、満州国皇帝だった溥儀《ふぎ》――中国清朝の〝ラストエンペラー〟を日本軍が皇帝に据えた――が証言台に立つ姿を捉える。ヘエ〜、こんな顔してたんだ。

支那事変段階。関東軍（陸軍内の部隊）の強硬姿勢が語られる。「大日本帝国憲法（明治二十三年十一月二十九日施行）の第一章　天皇、第十一条　天皇ハ陸海軍ヲ統帥《とうすい》ス」、これが拡大解釈されて、軍の行動はすべて天皇の大権、統帥権に属することであり、政府の干渉は許されないとされた。スクリーンには、昭和天皇が白馬に乗って閲兵する雄姿が映される。

一九三〇年代、軍部独裁をめざしてクーデターや暗殺事件が続発する。一九三六（昭和十一）年に陸軍青年将校たちが決起した二・二六事件が歴史に最も名をとどめているだろう。一方大陸では、同年十二月、西安事件が起こり、蔣介石と中国共産党が「国共合作」に踏み切り、以後中国は反日一色になった、と。

翌一九三七（昭和十二）年、軍官民の全国的期待を担った近衛文麿公爵がいよいよ総理大臣に就任する。彼こそが国内をまとめ、国際情勢の危機に対処できる人物とされ、彼の内閣は名実ともに挙国一致内閣と呼ばれたと、ナレーションは持ち上げる。ところが、組閣から一カ月後の七月七日、盧溝橋において日中の軍が衝突、それは「支那事変と呼ばれる戦線布告なき戦争の始まり」であり、以来「八年におよぶ日中の泥沼の戦いが続く」。

と、小林正樹、淡々と見せているようで皮肉はたっぷり、巧みに抑揚をつけている。

そして法廷は、悪名高き南京事件の告発に移る。この大虐殺は議論の余地のない戦争犯罪、「検察側によれば、日本軍は二十六万ないし三十万人を殺し、二万人余りの婦女子を暴行したとしている。数字に極端な誇張があり、証言の中にも疑わしいものはあったが、不祥事の事実は否《いな》めない」、「これは日本軍隊の組織の中に根深く育まれていた非人間性の現れであり、日本人が永遠に背負わねばならない十字架なのである」と。アーメン！

けれども、緊張感のあるＢＧＭはそのままに、映像は原爆被災一周年の広島、長崎に転換する。

続いて八月十五日の皇居前広場、占領軍の戦勝一周年記念パレードを明るい行進曲とともに見せる。音楽は武満徹。

見る者の視点を揺さぶるみごとなつなぎである。映画は前述したように「編集の芸術」、何をどういう順番でどんな映像を前後に配置して見せるかによって、観客の印象は大いに変わる。緩急とアイロニーと異化による効果を実感させられたところで、長い映画は休憩に入る。

後半は三国同盟段階から。ヒトラーの台頭、軍国の道を選んだ日独の接近、日独防共協定、緊迫するヨーロッパ情勢、日本はノモンハンでソ連に惨敗、そして一九三九年九月、第二次世界大戦が開始される。ドイツの勢いは止まらない。フランスがあっけなく降伏し、「大英帝国の敗北はもはや決定的とみられた」、「目を奪うようなドイツの勝利に、日本国内のドイツ不信、対米関係改善の空気は消えた」とナレーション。

一九四〇（昭和十五）年に第二次近衛内閣が発足、外相松岡洋右は「大東亜共栄圏」の建設を提唱した。日独伊三国同盟締結、「世界は日独伊を中心とする枢軸国と米英を中心とする連合国とに二分された」。日ソ中立条約（一九四一年四月）、独ソ開戦（同年六月）、それから約四年間の死闘を経て、一九四五年五月にドイツ降伏。

ニュルンベルク裁判の判決が伝わってくる。絞首刑十二名。前節の『ニュールンベルグ裁判』でローソンが見せた、あの強制収容所の映像が、東京の法廷でも上映されたという。

審理はソ連段階を経て、太平洋戦争段階へ。日米関係が悪化する中で、アメリカは対日経済封鎖を断行、いわゆる「ABCD包囲陣」を構成し、最後通牒たる「ハル・ノート」を突きつける。一九四一（昭和十六）年十二月八日、真珠湾攻撃。大使館の不手際から、宣戦布告をアメリカ当局に通告したのは、攻撃から一時間近くたってからであった。

真珠湾奇襲は日本の無通告攻撃だったのか。いや、アメリカ政府の首脳は元々ハル・ノートを日本が受け入れる可能性はないと考えていた、またルーズベルトも十二月六日の日本の暗号電報すべてアメリカ側に解読されていた――により、戦争が始まることを知っていた、と。今日では、いずれも常識とされる史実であるが、東京裁判当時としては驚きであっただろう。

個人反証段階。被告たちは各人一回だけ自ら弁明する機会を与えられた。が、証言台に立つ者あり、かえって不利になると考えて立たぬ者あり。誰よりも死刑を覚悟していた東条英機は証言台に上がった。ヘッヘッヘッ、この場面が『東京裁判』のクライマックスである。

東条による長文の口供書《こうきょうしょ》が朗読された後、キーナン首席検事が反対尋問を行なう。東条への敵愾《てきがい》心《しん》を露《あらわ》にするキーナンだが、実はマッカーサーの意向を受けて、天皇免責に関する証言を東条から引き出すことが彼の最大の課題であった。

そう、ヒトラーを倒した後、スターリンが最大の敵となった時期、アメリカ政府は日本の君主制を維持して、共産主義に対する防波堤にしようともくろんだ。それにはまず、天皇の戦争責任を免除しなければならない。

ところがキーナンの意図を内々に伝えられていた東条が、ポロリと失言してしまう。すなわち、日本国臣民が陛下のご意思に反することはできない、と。それでは戦争も残虐行為も天皇の意思ということになる。これを見逃さなかったのが、裁判長のウェッブである。

先にも触れたように、日本はアメリカとだけ戦争をしたわけではない。オーストラリアもまた連合国側で戦い、日本軍による捕虜虐待などによって、反日感情を強く抱いた国である。オーストラリア人のウェッブは、同国の国民感情を体現したような人物、天皇の責任を問うべきだと主張し、ある時はマッカーサーの思惑とぶつかって、一時帰国する（させられる？）一幕もあった。裁く側も決して一枚岩ではなかったのである。

ウェッブは東条に、あなたの発言がどういうことを示唆するかわかりますねと念を押し、キーナンを慌てさせる。キーナンはあらゆる人脈を使って東条に発言を訂正させる裏工作をした。一週間後、東条は、自分の進言で陛下は渋々開戦に同意した云々と証言する。

スクリーンには、その証言を聞き、疲れた表情でメガネを外すウェッブがアップで、また被告席に戻った東条が「これでいいんだろ」とばかりにほくそ笑む姿が映される。劇映画《ドラマ》よりずっと面白い日米合作の茶番劇。この作品、隠しテーマは「天皇（制）」である。

東京裁判結審。判決は七名に絞首刑、うち六名は旧陸軍軍人。唯一の文官は、近衛文麿亡き後、支那事変と南京大虐殺の責任を背負わされた元外相・首相の広田弘毅である。小林正樹は、広田の妻静子の殉死、広田が裁判中黙して責任を引き受けたこと、そして絞首刑の判決を聞いた彼が毎回傍聴に来ていた二人の娘に小さく目礼して退廷する姿を挿入した。

判決文の少数意見として名高いのは、インドのパル判事の意見書である。曰く、この裁判所が適用すべき法は国際法の範囲を超えることはできない、裁判所ははじめから日本の行為が侵略戦争だったという前提で裁判を進め、歴史の偽造さえした、さらに過去における欧米のアジアへの行為こそ侵略の名に値すると述べて、全被告無罪、と。当然、後にパルの意見は〝日本無罪論〟の論拠として使われることもあったが、ナレーションは、それはパルの本意ではない、彼の意見書は「被告たちおよび日本国の行動を正当化する必要はないとしている」と釘を刺す。

しかり。たとえ東京裁判が官軍による政治裁判だったとしても、第二次大戦は詰まるところ、列強による植民地奪い合いの帝国主義戦争であった。そう考えれば、日本が侵略し植民地化したアジア諸国への謝罪は、いまだ十分とはいえないであろう。

ラストは戦後の国際紛争を列挙し、最後にヴェトナム戦争、ナパーム弾を浴びて、裸で泣きながら道を行く少女を捉えた有名なピューリッツァー賞受賞写真を掲げ、エンドマークは無し。そう、地球上に二十一世紀の今日に至るまで戦火の絶えることはない。合掌。

第9章

仮面

33 プチブルを一皮むけば

『マッチ売りの少女』

日本の不条理演劇の第一人者、別役実の出世作『マッチ売りの少女』（一九六六年、早稲田小劇場初演）である。一幕ものの芝居。タイトルからして、アンデルセンの童話を起点としているのがわかる。開幕には、女の声で原作の冒頭の一節が朗読される。「それは一年の一番おしまいの夜、つまり大晦日の晩のことでした。大変、寒い夜でした……」

初老の男とその妻が夜、お茶の準備をしている。そこにひとりの見知らぬ女が訪ねてくる。市役所から来たとか。夫婦は自分たちを善良で模範的で無害だと語る。また、思想は穏健、どちらかというと進歩的保守派、金持ちではないが、必要以上につましくするのは嫌いだと。いわゆる「小市民《プチブル》」のようだ。

女は静かに「私は、マッチを売っておりました」。ではそのマッチを買いましょう、と夫。いや、マッチを売っていたのは、もう二十年も前、七歳のころでした。

男の声が舞台に聞こえてくる――そのころ人々は飢えていた、戦後の闇市の時代、街角でその子はマッチを売っていた、「マッチを一本すって、それが消えるまでの間、その子はその貧しいスカートを持ちあげてみせていたのである」。

女は「私、なぜ、あんなことをしたんでしょう？」、妻は「そんなに恥ずかしいことじゃなくてよ。あの頃はみんなそうしたんです。そうしなくては生きていけなかったんです」、夫も「あの頃のことは忘れることです。みんな忘れちまったのです」。すると女は「でも、思い出して頂きたいと思うのです」。

幽霊話である。こういう話は女が幽霊なのか本当の人間なのか、はっきりわかってしまってはつまらない。現実か幻想かは、最後まで判然としない。ある晩訪れた闖入者《ちんにゅうしゃ》によって、一見善良そうな市民にみえる人々が、心の奥底にしまい込んでいた過去の記憶を蘇《よみがえ》らせる。

この作品が初演された一九六六年の二十年前――すなわち終戦直後に七歳だった少女が、廃墟と化し、闇市の広がる街の片隅で、男たちにマッチを買わせ、その火が燃えている間、自分のスカートの中を覗《のぞ》かせていた。

別役実は日中戦争が始まった一九三七年に満州で生まれ、父に死なれ、敗戦時には母とともに艱難辛苦《かんなんしんく》の末に内地へ帰り着いた。六〇年安保世代、早稲田大学の学生のころはデモと芝居に明け暮れたという。大学除籍。その別役が二十九歳にして世に出たのが、アングラ演劇の梁山泊《りょうざんぱく》「早稲《わ》小《せしょう》」のこけら落としを飾った『マッチ売りの少女』である。鈴木忠志が演出し、岸田國士戯曲賞を受賞した。

女は「お母様、足はもうすっかりいいんですか？」と聞く。夫は、女が妻の足の悪いことをどうして知っているのかといぶかしがる。「私、あなたの娘です」と女。けれども、夫婦の間には娘がひとりいたにはいたが、電車にひかれて死んだとか。だが妻は、「生きていればちょうどこの子くらい」。あの子に似ている。だんだん実の娘のようにも思えてくる。

女は、外に弟を待たせてあると言う。でも、私たちには息子はいなかった。男の子が欲しいとは思っていたけれど。女が弟を連れてくる。弟は、「お母様は昔、ひどいゼンソクを病んでおられました」。いやいや、ゼンソクなんて患ったことはないと妻。夫はしだいにイライラしてくる。女は弟がみんなにいじめられたと語る。弟の体はアザだらけ、お父様とお母様にみて頂きなさい。

夫は、「わかったよ。お前だよ。お前は生れたんだ」と声を荒げる。妻も我慢できなくなる、「お金はあげます。私は嫌いなのです」。姉が寝入ってしまうと、弟はビスケットを食べはじめる。目を覚ました女はそれを咎《とが》める……

不気味で不条理な別役ワールドである。舞台の雰囲気だけでなく、登場人物たちの、いや戦後二十年、混乱の時代をくぐり抜けてきた観客たちも引きずっていたであろう後ろめたさを触発する芝居。当時は高度経済成長を謳歌し、しかし忘れたい過去が、そりゃないわけではなかっただろう。

興味深いことに、別役より七歳年上の野坂昭如が、別役の作品と同年にタイトルも同じ短篇小説「マッチ売りの少女」を発表している（『オール読物』一九六六年十二月号）。主人公は大阪のドヤ街で客を引くお安。夜鷹はラスト、三本残ったマッチをすり、股の間にさし入れ、寝巻きに火が移って炎に包まれる。

アンデルセンはデンマークの貧民窟に生まれた。「マッチ売りの少女」は、極貧にあえぎ、物乞いをし、アル中で死んだ母親をモデルにしたともいわれる。戦中派の野坂と別役は、一九六〇年代の政治の季節に、そうした童話に内在する猛毒をえぐり出して、現代社会の裏側を綴《つづ》った。野坂は性欲の果てを、別役はプチブルの本性をグロテスクに暴く。

おっと、プチブルはマルクス主義の用語だ。それは戦後の昭和期に、社会の変革を求めず、自らの小さな幸福だけに安住しようとする人々を痛烈に揶揄《やゆ》することばだった。プチブルは今や死語であろうが、それはことばがなくなったのではなく、日本人が総プチブル化したので、その概念が意識されなくなっただけである。

さらに、不条理とは英語でabsurd、なんてことはない〝バカバカしい〟という意味である。そんなナンセンス芝居に強烈なリアリティを付加しているのは、一皮むけば誰しもが持っている、個人の、また民族の過去への負い目。

それは二十一世紀の日本人にとって、すでに清算された歴史と言いきれるであろうか。

＊別役実『別役実戯曲集　マッチ売りの少女／象』三一書房、一九六九年。また、野坂昭如「マッチ売りの少女」は『戦後短篇小説再発見2　性の根源へ』（講談社文芸文庫、二〇〇一年）に所収されている。

34 巨匠の撮ったミステリー
『熊座の淡き星影』

ルキノ・ヴィスコンティの『熊座の淡き星影』（一九六五年、イタリア映画）は、巨匠自らが「ミステリー」と呼んだ作品である。鮮やかなカラーで撮った『山猫』（一九六三年）の次に、えっ、白黒映画。ヴェネチア映画祭で金獅子賞を受賞した。

開幕はジュネーヴのホテルの一室、内輪のパーティの風景。ヴィスコンティにしては平凡な映像である。クラウディア・カルディナーレ扮するサンドラが客を接待している。と、ピアノの演奏に顔をしかめる。十九世紀の後期ロマン派、セザール・フランクの「前奏曲、コラールとフーガ」。映画中、音楽はこれ一曲だけが繰り返し流れる。

翌朝、サンドラと新婚の夫、国連に勤めるアンドリューは、ＢＭＷのオープンカーでスイスからイタリアへ向かう。〝アルプス越え〟――独特の響きのあることばだ。ヨーロッパは北と南で文化圏が異なる。境目はスイスアルプス。クレジットの間に、車は山岳地帯を走り、やがて南ヨーロッパへ。風景が変わる。

二人はサンドラの実家のある中部イタリアのトスカーナ地方、ヴォルテッラに到着する。古代エトルリアの城塞都市、〝土を巻き上げる〟の名のとおり、風が強い。全篇、古い城壁、棺、壺、彫刻などをモノクロのカメラがミステリアスに捉える。

サンドラは実家の居間に入り、ひとりになると涙を流している。なにやら秘密がありそう。弟のジャンニ（ジャン・ソレル）も頻繁に帰ってきているという。アンドリューは古風な大邸宅に興味津々で八ミリを回している。アメリカ人の彼は観光客気分である。

夜、サンドラが中庭に出ると、ジャンニに声をかけられる。二人は抱き合う。姉弟の再会とはちょっと感じが違う。恋人同士のよう。屋敷に入ると、着替えをしようとシャツを脱いだジャンニに姉は過剰反応を示す。なんか怪しい。

僕はこの映画のクラウディア・カルディナーレが好きだ。キッとした、きつそうな目で、常に何かをにらみつけているよう。古代エトルリア人の目つきなのだとか。物語はしだいにサンドラの過去、彼女の心の中に入っていく。ははあ、冒頭のありふれたパーティのシーンは、形而下の表層的な世界。それが古めかしい屋敷の中で、形而上の、内面の、思索的なヴィスコンティ・ワールドに誘《いざな》われる。怪しげで濃密なモノクロの世界。

サンドラは病気の母親（マリー・ベル）に会いに行く。今は病院を出て、別荘にいる。セザール・フランクのくだんの曲をピアノで弾いている。娘の訪れに途中から演奏が乱れる。心を患っているらしい。

彼女は娘に「おまえにもユダヤの血が流れている」と言う。他の場面では、父親はアウシュヴィッツで死んだという話がさりげなく語られる。母親は病気になってからジラルディーニなる男と再婚した。サンドラは「彼が父を密告したんだ」と推測する。

と、父が殺され、娘と息子が帰郷し、母には男がいた——ヨーロッパのインテリなら、ギリシャ悲劇の『エレクトラ』を連想して当然だ。ギリシャ軍の総大将アガメムノンがトロイ戦争を戦っている間に、王妃クリュタイムネストラは愛人をつくり、帰国した夫を殺害する。娘エレクトラとその弟オレステスの復讐が始まる。ヴィスコンティがいかにも好きそうな枠構造である。

また、サンドラは弟からのメモを見つけて、地下貯水場へのらせん階段を下りてゆく。床には水が溜まっている。ジャンニがいた。姉弟の密会。ヴィスコンティは舞台の演出家でもある。シンボルをよく使う。貯水場は子宮のメタファーだ。穴、水、それからせん階段は男根にも見える。そこで弟は姉の結婚指輪を抜き取り、自分の指にはめる。

ヴィスコンティはこの映画の前に、舞台でジョン・フォードの『あわれ彼女は娼婦』（一六二七年ごろ）を演出している。英国ジェームズ朝の白鳥の歌と謳われる悲劇は、兄妹の近親相姦を扱った凄惨な流血劇である。これも巨匠好み。ヴィスコンティの作品は、イタリア的というより汎ヨーロッパ的な教養に満ちている。

姉弟の秘密を知らぬよそ者のアンドリューが、二人をジラルディーニと和解させようとする。だがそのディナーの席で激しい罵《のの》り合いが始まる。怒り心頭のアンドリューが義弟を殴りつける。義兄が去ると、ジャンニは姉を誘惑しようとするが、拒まれる。

ジャンニは——おっ、母親に復讐するのではなく、彼が自殺するのか。それもデカダンの監督だ、オレステスをきれいには死なせない。『ベニスに死す』（一九七一年）のアッシェンバッハと同様に、野垂れ死にさせる。おゝ、退廃美。

で、さて、イタリアはご存じのとおり、日独伊三国同盟（一九四〇年）を結んで第二次世界大戦に参戦した。でも終わってみれば、連合国側。ニュルンベルク裁判や東京裁判のことを考えれば、おまえら、うまくやったじゃないかと言いたくなる。イタリアはムッソリーニが失脚した後、レジスタンスが蜂起して約一年半、ドイツ軍およびイタリア人のファシストたちとの間に苛烈な解放闘争を繰り広げた。戦後はその「レジスタンス精神」なるものが社会と政治を支える精神的支柱ともなった。

だが、同じ民族同士の内戦に陥った第二次大戦後期、その内部事情は勧善懲悪で割り切れるほど単純だったはずはなく。また、イタリアにおけるユダヤ人迫害はドイツほど徹底していなかったそうで、誰かが告発しなければユダヤ人たちは逃げおおせたとか。

となれば、サンドラの父を密告したとおぼしきジラルディーニは、ファシストだったのかもしれない。まだ戦争加害者も大勢生きていた一九六五年――『マッチ売りの少女』の前年――の映画、これは単なる背徳的で官能的なサスペンスではなく、ヴィスコンティの社会派としての面目も躍如たる、奥の深いミステリーといえよう。

35 神も善人も無力

『セチュアンの善人』

僕の手元に、ドイツの大御所ベルトルト・ブレヒト作の寓話劇『セチュアンの善人』（一九四三年初演）をミラノのピッコロ座が上演した際の舞台中継ビデオ（一九八一年再演版、イタリア放送協会ＲＡＩ放映）がある。演出は知る人ぞ知るジョルジョ・ストレーレル。これは〝お宝物〟である。

場所は、半ば西欧化されたセチュアン（四川）の首都。まあ、ヨーロッパからみれば、中国の山奥の、どこやら空想するしかない土地だ。冒頭は水売りのワンが、こりゃ儲《もう》からない商売だ、いやそもそもこの町は貧乏でと、ぼやいている。救ってくれるのは神様だけ。その神様が視察に来るというので、二、三日前からこうやって街角に立って待っている、と。

ピッコロ座の舞台では、ワン（レナート・デ・カルミネ）が三輪の荷車を引いて登場する。軽やかな足どり、歌うようなセリフまわし。初めて見た時には、僕はもうここで小躍りしてしまった。ストレーレル率いる劇団は、近世のヨーロッパで大流行した即興喜劇コンメディア・デッラルテを復興させたことで有名。なので、身体訓練が違う！　ワンの動きを見ているだけで幸せな気分になる。また、字幕なしのイタリア語のビデオだが、言語の意味がわからなくてもその音色を聞いているだけでうっとりする。

さらに、背景は淡い青色、そこにぼんやりと夕日が見える。なんともいえない中間色の美しさも、ストレーレルの舞台の特徴である。そしてガランとしたステージ。「なにもない空間」とは、ピーター・ブルックのことばとして名高いが、むしろストレーレルの芝居にこそふさわしい。水浸しの回り舞台でワンが軽快に動き、しゃべる。それだけ。装置は最低限、舞台に空白があり、だから役者の存在が映える。演劇は〝人力〟の芸術だと、あらためて実感させてくれる。

と、そこに三人の神様が登場する。上方から電球のたくさんついたゴンドラに乗って。その微笑ましいファンタジックな情景は、しかし寓話劇という「戯曲の本質」をきちんと捉えていて、見事。

だが、セチュアンの民衆は、余分なトラブルに巻き込まれまいと、誰も三人を家に泊めようとしない。ただひとり、淫売のシェン・テ（アンドレア・ヨナソン）だけが部屋を貸す。

翌朝、善人を見つけて喜ぶ神様に、シェン・テは訴える。私は善人ではありません、生きるために体を売っている、親孝行もしたいし正直でもありたい、人をうらやまず、人を利用しなくていいようになりたいが、この貧しさではどうしようもない、と。けれども神様は、経済の問題はよくわからんと言って、宿代だけ置いて逃げるように去っていく。

ブレヒトはマルクス主義者である。信仰と教会を否定した。現世で我慢すれば天国に行けるとする慰めを拒否し、この世を改善しよう、まずは飢えない社会を作ろう、と。また童話の世界でも、昔は最後に神様が人々を救ってくれたが、「神が死んだ」二十世紀に入ると、神様が手に負えないと逃げていく作品ばかりになったとか。

シェン・テは神様がくれた宿代をもとにタバコ屋を始める。それがまた吹けば飛ぶような掘っ立て小屋で、しかし煙突からはちゃんと煙が出ている。なにもない空間に、装置はそのオンボロ家屋だけ、夜のシーンでは影絵のようになる。ほれぼれとする舞台美術。

で、とたんにいろいろな人間が彼女にたかりに来る。シェン・テはお人好し。だが、神の覚えめでたき善人では、世の中は渡っていけない。そんな折、彼女のいとこを名乗る、辣腕ないしは悪辣なビジネスマンのシュイ・タが現れる。これ、実はシェン・テが変装しているわけで――そう、ひとりの役者が対照的な性格の男女を演じ分ける、世界中の女優がやりたくてたまらない役である。この舞台ではシェン・テが白い衣裳、シュイ・タが黒のスーツと、善悪を白と黒で表現する。早変わりの妙、時に着替えの様子を舞台上で見せてしまう。シュイ・タのぎこちない動き、シェン・テは苦悩しながらシュイ・タを演じているのだ。そのいとこが帽子を脱ぎ、女の長髪が垂れてシェン・テに戻る。いいじゃないか。

シェン・テは失業した飛行機乗りのヤン・スンに恋をする。売春婦だ、愛のテクニックは当然知っているが、自分が気持ちよくなったことはない。でもスンに顔をなでられていい気持ちになった、と。切ないなあ。だが、スンはとんだ食わせ者、シェン・テにたかりはじめる。そこでシュイ・タがスンを鍛え、タバコ工場で労働者を酷使する現場監督に変貌させる。

観客は心清らかだが周りから足元ばかり見られるシェン・テと、やり手だが無慈悲なシュイ・タと、そのどちらにも完全に共感できない。見る者に必要以上の「同化」をさせない、これがブレヒト十八番《おはこ》の「異化効果」である。

また、時々神様が顔を出して、ワンと幕間狂言を演じ、芝居の状況をひょいと説明してしまう。いったい我々は小説でも演劇でも映画でも、まずはストーリーを理解しようとする。だがあまり物語に気をとられると、作品の主題を認識できなくなる。そこでブレヒトはストーリーやもろもろの状況を前もって呈示してしまう。これも異化効果。

もっとも、日本のブレヒト劇はそうした彼の理論を頭でっかちに受容しすぎたきらいがあり、舞台もなんか〝お勉強〟させられている気になる公演が多かった。ストレーレルの芝居はそんな小難しそうなブレヒトのイメージを払拭《ふっしょく》してくれる。説明ゼリフが多いブレヒト劇も、ピッコロ座の達者な俳優たちが語れば、説明が単なる説明ではなくなる。また、こういう抽象的で象徴的な舞台は、アングロ・サクソンにはなかなか作れない。

ラストは頼りない神様たちが結局「機械じかけの神《デウス・エクス・マキナ》」になれず、こそこそとセチュアンを後にする。ストレーレルの夢のような舞台を見終わると、カリスマ嫌いのブレヒトが、神に頼るな、民衆よ自らの足で立て、ダメ人間がいくら愚痴っても社会はよくならないんだと叱咤《しった》している声が、やっぱりきちんと記憶に残る。

ブレヒトは他界する前年にストレーレルの『三文オペラ』を見て感激、彼に自分のすべての作品の上演権を与えている。

36 アメリカン・ドリームの向こう側

『アメリカン・ビューティー』

サム・メンデスがアメリカン・ドリームをグロテスクに茶化した諷刺喜劇に『アメリカン・ビューティー』（一九九九年、アメリカ映画）がある。制作も脚本もアメリカ人、題材もアメリカの典型的な中産階級の家庭生活という、生粋のハリウッド映画だが、なんでも肝心の監督が見つからなかったとか。そこで白羽の矢が立ったのが、ロンドンではちょいと名の知れた舞台演出家のサム・メンデスだった。

なるほどブラック・コメディとなれば、それはイギリス人のお家芸。三十四歳のサム・メンデスは、映画初監督でアカデミーの作品賞と監督賞を受賞した。彼はご存じのとおり、今や００７シリーズまで手がける売れっ子である。『アメリカン・ビューティー』はその彼が映像に目覚めた邂逅《かいこう》の作品といえようか。

映画は冒頭で、主人公のレスター・バーナム（ケヴィン・スペイシー）が「私は一年以内に死ぬ」とナレーションで語る。ほほう、結末を言ってしまう。強気じゃないか。レスターは朝起きると、シャワーを浴びながらマスをかいている。欲求不満らしい。妻はいる。美人女優アネット・ベニング演じるキャロリンである。また、一人娘のジェーン（ソーラ・バーチ）は反抗期の真っ只中だ。妻も娘もレスターを「人生の敗北者」と思っている。

だが、レスターは郊外の住宅地に住み、雑誌社の広告の仕事をしている。働き盛りの四十二歳。キャロリンは不動産の営業をしている。夫婦そろっていい給料をとっているだろう。多少のちぐはぐはあっても、外からみれば、まずは成功している中産階級である。

ある日バーナム夫妻は娘の学校のバスケットボールの試合を見に行く。レスターはそこでジェーンと一緒に踊るチアガールのアンジェラ（ミーナ・スヴァーリ）に一目ぼれしてしまう。娼婦のような、魔性の少女。モデル志望で自信満々、平凡な人生なんて嫌だと宣《のたま》う。

レスターのベッドに上方から赤いバラの花びらが降ってくる。バラに包まれた裸のアンジェラ。レスターの妄想は演劇的な見せ方で銀幕に映す。

レスターはアンジェラにもてようと、ダンベルを手に筋トレを始める。また、夜中にベッドの中で、小娘のファム・ファタールを夢想しながらオナニーにふける。隣で寝ていたキャロリンが気づいて、一悶着。きついコメディだ。

中年の危機を迎えた夫婦。上昇志向の強いキャロリンは、成功している同業者の男といい仲に。でも、デートの途中に立ち寄ったハンバーガー屋で応対に出た店員は、なんと会社を辞めて気楽なアルバイトをしていた亭主だった。バツが悪いったら、ありゃしない。

一方のジェーンは、隣に引っ越してきたリッキーと知り合う。彼の父親は元海兵隊員のフィッツ大佐、マッチョな男の典型で、息子も厳格に育てたようだ。しかし、それがためにリッキーは一時ダウン、精神科に入院していたらしい。

出会いは最悪だった。リッキーがジェーンを盗撮していた。が、彼女は怒った顔をしながら、一瞬ニヤリ。彼は死んだ鳥や寒い冬の日に宙を舞うビニール袋を撮影する。死骸といい、無機質な白い袋といい、生のないものに美を感じる。

思春期の娘は親に反抗し、すべてに積極的な美少女の親友に嫉妬し、でも内心は孤独。ジェーンはリッキーとどこか波長が合った。彼に自分の裸を撮らせる。彼女にとってリッキーはビデオマニアの変態男ではない。自分の本当の姿を見てくれる人間への共感。

この辛辣なコメディ、観客は登場人物の誰に共感するか。総じてアメリカ映画には、圧倒的に感情移入できるヒーロー、ヒロインがいる。そうした格好いい主人公と心を一《いっ》にして物語の世界を旅するのが、ハリウッド映画のお約束事である。しかし、イギリスないしはヨーロッパの映画では、どの人物たちも観客から等距離に設定されている場合が多い。

『アメリカン・ビューティー』は、若者ならジェーンとリッキーに――共感するかどうかはともかく――同情はするだろう。でも、僕の年齢になるとレスターとキャロリン、中年夫婦の心情の方が身につまされる。そして、およそ見る者は、登場人物の誰にも完全に同化できない。ブレヒトの異化効果は、ヨーロッパの演出家にとって自家薬籠中《じかやくろうちゅう》の物となっている。

アメリカ的なるものが散りばめられた映画である。チアリーディング、マッチョ、また銃とゲイも印象的に登場する。さらに、競争社会、幸福な家庭、成功願望、物質文明、平凡と退屈を嫌う気風、負けたくない、人から認められたい、常に本物でありたい、自己をアピールせずにはいられない、強きアメリカ……人物たちは誰も彼も、「アメリカの美徳」に縛られて、四苦八苦している。

アメリカ人は、また世界中の人々がハリウッド映画を見て――なにせ全世界の人間が見る映画の八割がハリウッド作品だというから――とろけるようなアメリカン・ドリームにあこがれている。けれども、成功を収め、周囲から尊敬され、うらやましがられているように見える面々も、一皮むけばこんなもんだぜ、と。

終幕近く、深夜にレスターとアンジェラは二人きりになって、いい雰囲気になる。中年のおっさんと小娘のラブシーンをサム・メンデスは美しく撮る。これも男女の交わりを、絵のように美しく、観客が情緒的に高揚し、思いきりハッピーな気分になれるよう、〝愛が結晶する瞬間〟として演出するハリウッド映画をおちょくっているのだ。と、いざというところで小悪魔は、「私、したことないの」。なんと彼女も、「早熟な美少女」を演じていたのか。

レスターは台所でひとりになり、昔の家族の写真を見て、嬉しそうな顔をする。その時、後ろから銃口が――えっ、誰が撃ったかって、それはここには書けません。でも、レスターの死に顔が幸せそうな、満足そうな表情をしているのは、記しておくべきだろう。アメリカの夢から解放された、仮面を脱いだ、実に晴れやかな笑顔。

ということで、黒い喜劇《ブラック・コメディ》『アメリカン・ビューティー』は、本当のアメリカを描けば、なにも砂糖菓子のような夢を語らずとも、観客の心を揺さぶる映画を作れることを逆説的に示している。素のままのアメリカの方がステキ、とても美しい！

第10章 日常

37 日々の岩運び

『シーシュポスの神話』

カミュは若いころは読まなかった。それでも『異邦人』はある時期に通読したが、『シーシュポスの神話』（一九四二年）を手に取ったのは、ずっと後になってからだ。カミュは小説『異邦人』（一九四二年）、戯曲『カリギュラ』（一九四四年出版、一九四五年初演）とともに「不条理三部作」と考えていたとか。また、サルトルはこの哲学的エッセイ集を『異邦人』の「正確な注釈」だと述べている。僕は哲学は苦手なんだけど、仕方ない、読むか、と。

カミュは冒頭、「不条理な感性」はすでに二十世紀のあちこちに見いだされる、不条理は結論ではなく、この試論の出発点であると語りだす。哲学はことばにこだわる。彼のいう「不条理」とは何ぞや。どうやら辞書にある一般的な意味、また別役実の芝居あたりを呼んだ〝バカバカしい〟とか〝ナンセンスな〟とかいう意味合いとは微妙に異なるようだ。

カミュ曰く、人間の心の奥底には「明晰を求める死物狂いの願望」があるのに、この世界は「理性では割り切れ」ない、その抜き差しならぬ状態を「不条理」と呼ぶんだ、と。そして、「ぼくには世界の唯一絶対の意味が理解できない」、「世界はひとつの巨大な非合理的なものにすぎない」とも。

ヘヘエ、考えてもわからぬものをなぜ考える!?　哲学って無力なんじゃないか。いや、彼は理性の限界は認めるが、だからといって理性を否定はしない、と食い下がる。「世界は人間の理性を超えている、それだけのことなのだ」、「不条理な精神とは、自己の限界を確認している明晰な理性のことだ」。

そうね。昔のヨーロッパはよかった。わからないことがあれば、それはすべて「神の摂理」と言われ、そこで議論が収まった。ところが、「人間は考える葦である」のパスカル、「我思う、ゆえに我あり」のデカルトあたりから、人間には考える力がある、他の動物と違うんだと、トンガリだした。さらに十八世紀のフランス思想界は、「理性」を標榜して、キリスト教の世界観から離れようとしはじめる。そして二十世紀に入るころには、ついにニーチェが「神は死んだ」とまで。

カミュも二十世紀の申し子である。社会主義の洗礼も浴びている。彼は涙の谷たる現世を耐えれば、平和な天国が待っているとは信じられない。とくにカミュが「不条理三部作」をものしたころのフランスは、ヒトラーに降伏し、ナチス・ドイツに占領される暗黒時代にあった。それでもこの理不尽な、希望のない現世で戦いつづけよう、と。

キリスト教の来世信仰を拒否する左翼リベラリストのカミュは、しかし人間の理性も崇拝しない。近代の西欧合理主義の鼻っ柱の強さは、もうカミュにはない。「この神なき不条理な世界は、明晰に思考し、もはや希望をいだかぬ人びとでみちあふれるだろう。」

彼は偽りの希望を繰り返し否定している。「乱暴な主知主義」も拒む。希望がなくても、理性に限界があっても思索するんだ。「知力が自分の力をはるかに超える現実と格闘している姿ほどすばらしい光景はない。」

やれやれ、難しくなってきた。哲学には小説や戯曲と違って、ストーリーがない。読みづらい。同じような話をクチャクチャと咀嚼《そしゃく》する。形而上的な思索だ、一度読んだだけでは内容が頭に入ってこない。

でも、カミュがドン・ファンの生き方を語る節はちょぃと笑える。曰く、愛すれば愛するほど不条理は深まるものだ、次々と女性を渡り歩いても究極の愛なんてわからない、毎回本気で愛しても、愛が「一回ふえた」だけだ、と。カミュは結核持ちで死と隣り合わせ、なのに浮き名を流しつづけたドン・ファンである。そんな形而下の現実を知ると、彼の哲学的な記述が女たらしの言い訳のように聞こえてこなくもない。

で、不条理をめぐるもろもろの思索に辟易《へきえき》してきたころ、本のタイトルにもなっている「シーシュポスの神話」の章にたどり着く。ご存じの方も多かろう、ギリシャ神話に登場するシーシュポスは、神々の怒りを買って山頂まで重たい岩を運ぶ罰を科せられる。ところが、その岩は山頂まで達すると、いつも転がり落ちてしまう。神々は「無益で希望のない労働ほど怖《おそ》ろしい懲罰はない」と考えた。けれども、カミュはその神話を反転させて、「神々を否定し」、「自分こそが自分の日々を支配するものだと知っている」不条理な英雄シーシュポスは、黙々と岩を運び上げる同じ仕事に従事して倦《う》まない、そんな彼は幸福でさえある、と。

なるほど、人間が考えついた最強のスーパーパワーたる神は死に、この世のすべてでも解明できない、いや科学や医学が発達すればするほど、これまでは知ろうなんて思いもしなかったことが知り得ないと気づく。我ら皆、不可知論者！

だからこそ、〝答え〟を欲しがる。それも小難しい説明ではなく、インターネットのサイトやハウツー本にある数行の解説、とりあえずの答え。この情報化社会、情報という名の答えを知らないと不安になるが、三行情報で「なあんだ」と合点がいくと、すぐに答えどころか自分の発した質問さえ忘れてしまう。その繰り返し。人生の、社会の、時代の本質を見極めようとする思索は、ますます流行遅れとなる。

そこへいくと、哲学書ってのは、わかりづらくて長たらしい。ひとつの論題を牛みたいにいつまでも咀嚼するだけ。その挙句に「答えなし、わからな〜い」が結論ってか。あゝ、不条理！　だが、退屈しながら一冊読み終えると、妙に頭に残るものがあるから不思議である。

そう、世の中は理不尽だ、人生は不条理だと認識している方が、日々の岩運びにも凹《へこ》まず、自分は自分なりに人生を精一杯生きるしかないと覚悟できるような気がしてくるのである。

＊引用はすべて、カミュ『シーシュポスの神話』（清水徹訳、新潮文庫、一九六九年）を使用した。

38 原文で読む

『幸福論』

「幸福論」なるタイトルのついた書物は世に山ほどあるが……これにしよう、イギリスの哲学者バートランド・ラッセルの『幸福論』（*The Conquest of Happiness*、一九三〇年）。

このエッセイ集、高校時代に英語の副読本で読まされた。南雲堂から出ていたテキストは、抜粋だったけれど原文のままの英語だった。

僕の出身校は都立の進学校。勉強は厳しかった。両国《りょうごく》高校ならぬ牢獄《ろうごく》高校なんて言われた。でも、バンカラな校風で、精神的にはとっても自由だった。副読本は文部省の検定済教科書よりずっと難しかった。一年生の時がジョージ・オーウェルの『動物農場』（*Animal Farm*）、農具に関する英単語をやたら覚えた記憶がある、「こんな単語、入試に出るのかあ!?」なんてブツブツ言いながら。そして二年生になるとラッセル、それから英国の名文選の類いも読んだっけ。英文法もきっちりやったし、英単語も今の高校生の二倍以上暗記した。

で、ラッセルの英文は――訳わからん、降参！　なのに、そのテキストに書いてあったことで、今でも鮮烈に覚えている箇所がいくつかある。先日、大学の図書館から原本を借り出して読んだ。なるほど、そういう話だったのか、これを高校二年生の時に読んだ（読まされた）んだ。しばしわが青春時代が蘇《よみがえ》ってきた。

なので、半世紀近くたってもまだ記憶に残っているページのことだけを記す。まずは、退屈(boredom)について。退屈は、もっと注目されてもいいはずだ。それは人間特有の感情で、動物にはない。退屈の反対は快楽(pleasure)ではなく、興奮(excitement)である……と、う〜ん、退屈な文章だ、これだから根暗な哲学者は嫌いだと、十代後半の意気盛んな僕は思った。

ところが、僕は教師になってから、例えば映画について、「本当の面白さと刺激は違う」、「刺激的で退屈しない映画は、二度見る気にはならないものが多い」、「名作は、初めて見た時には、たいてい退屈でウトウトしてしまう。でも、しばらくたってから、また見たくなる」などと、さんざん語ってきた。ラッセルのご高説が僕の潜在意識に刷り込まれたかのように。

「授業だって映画と同じ。退屈だと思っていた授業のノートを学期末試験の前に読み返すと、「えっ、この先生、いいこと言ってるじゃん、もっとちゃんと聞いておけばよかった」なんてことはよくある」とも。

ラッセルは、子供のころから単調な生活に耐える能力を養うべきだと語る。毎日毎日を同じように過ごすことがどれほど大切か。子供たちに受身の楽しみを与えすぎてはいけない。アメリカなんかこのごろは家庭にラジオがあって、と。そう、当時はまだテレビはなかった。

おっと、僕が大学生のころ、早稲田の古本屋の窓ガラスに「テレビは文化の敵だ」と書かれた貼り紙がしてあった。それが今では受身のエンタメがさらに進化して、コンサート、スポーツ観戦、パソコン、スマホ、ゲーム……他人の力で、安直にアドレナリンを出せる。そりゃ、人間は退化するわ。およそ今日の生活環境の中に、我々の知力を向上させる要素は——無い！

「日常の勉強の積み重ねがいちばん大切」——これを説教するのではなく、学生に体感させることが必要、だがそれは至難の業である。そこで、学校は学生に刺激を与えるべく、さかんにイベントを企画する。海外研修、留学、ゼミ合宿、インターンシップ……でも、それらは日々の授業とはベクトルの矢印が正反対の、非日常的な催しばかりではないか。

ラッセルはすべからく刺激物はダメだ、と。それよりは子供を田舎に連れて行き、大地の生命に触れさせろ。シェイクスピアの叙情詩を至高のものにしているのは、二歳の赤ん坊が野原の草を抱いたような喜びに満ちているからだ、と。ヘヘエ、そんな英文があったのは覚えているが、沙翁《シェイクスピア》の詩の本質的な魅力を実感するには、その後長い歳月を要した。

そうね、試験もある意味では刺激物、しかし競争だけでは学なり難しだ。昔から学校では「継続は力なり」としばしば唱えられてきたが、持続力は刺激よりはむしろ静かな生活からしか養えないのではないか。僕はよく卒論や修論の指導で学生に言う、「一カ月同じことを考えている練習」。作品や資料と格闘しながら、深く静かに己の設定したテーマと一カ月向き合え。人と競争しなくていい、自分の内心と問答せよ。一週間では論文は書けないよ。めざすは〝一発点火瞬間完全燃焼主義からの脱却〟。そんな説教を教室で何百回繰り返したか。でも、ふと考えると、それって高校の副読本に書いてあったことの翻案かも。

仕事（work）。これもラッセルの考察は面白い。仕事は有難い、何をしようかと決める必要なしに一日のかなりの時間を潰せる。たいていの人にとって、暇な時にやるべき価値のある楽しみを見つけるのは難しいものだ。人間はブラブラしている時に感じる退屈よりも、つまらなくても必要な仕事をしている時の退屈の方が我慢できる、と。

僕流の教室での漫談は、「君たちがなぜアルバイトばかりするか。自分では（遊ぶ）金のためだと思っているかもしれないけど、むしろ時間を潰せないからじゃないか。静かに大学の図書館で本を読むのは、金のかからない、価値ある最高の暇潰しなのに」と。黙々とシーシュポスの岩運びをやれ。結局ラッセルもカミュも同じことを言っているみたいだ。

ということで、難解な英文をうんうん唸《うな》りながら読まされた昭和の英語教育を、僕はまんざらでもなかったと思っている。今日の、単語を暗記する習慣は希薄、文法もボロボロ、文科省の「ものを考えられる人間の育成」に真っ向反してスラスラと速読できる、ペラペラとしゃべれることが推奨される、地下に杭を打ち込んでいない、砂の上に二階から家を建てるような実用英語よりは、ずっといい。

いや、それ以上に、ひょっとしたら僕は自分の人生観、世界観の礎《いしずえ》を高校の英語の授業で学んでいたのかもしれない。心からの感謝を！

39 小さな恋の物語
『オリーブの林をぬけて』

日常。我々は諸外国の人々の日常を存外知らないものである。これだけ通信技術が発達した現代、毎日リアルタイムで海外のニュースが報道される二十一世紀。だが、テレビや新聞で接する他国のニュースは、政治や外交や経済、テロや暴動や内戦や戦争など、〝非日常〟の特異な出来事を伝えるものが多い。その際の目線はきわめて高い。国家目線とでも言おうか。

おっと、ハリウッド映画の視点もすこぶる高いのを意識しておいでか。CNNと同じ高さ。莫大な予算を組んで、全世界に売れる映画を作ろうとすると、当然そうなる。自国の人々の日常を素朴に映すという発想にはならない、なれない。だから、ラブコメでさえ、等身大以上の、美男美女が闊歩《かっぽ》する世界になる。

高い視点と格好よさ。そりゃ人間、大きなものと美しいものにあこがれるのが人情だ。だが、アジア、アフリカ、とくにアメリカと敵対している国々を描くアメリカ発のニュースとハリウッド目線、これはちょいと気をつけておかないと、いつの間にかイメージを刷り込まれてしまう危険性がある。

映画評論家の佐藤忠男曰く、「映像での見せかたの落差のために、人々の抱く世界像は大きく歪《ゆが》んで」いる、「私は世界全体をなるべく公平に見たい」（『読売新聞』一九九八年十二月十五日）。彼は常々そう語って、アジア映画の紹介をライフワークとしている。

そこで僕も佐藤にならい、ニューヨーク同時多発テロ以来アメリカの敵となったイスラム世界、中でもかの国が長年目の敵《かたき》にしているイランの映画を一本紹介しておきたい。アッバス・キアロスタミの珠玉の小品『オリーブの林をぬけて』（一九九四年、イラン映画）である。

冒頭は俳優（モハマッド・アリ・ケシャヴァーズ）がカメラに向かって、「私が監督役を演じます」と自己紹介する。役者は皆、地元の人たち。ここはテヘラン北方のコケル村、昨年の大地震で壊滅状態になっている、と。後ろの野原に黒いチャドルを着た娘たちが集まっている。これから映画の主役選びが始まる。

カチンコにペルシャ文字で「オリーブの林をぬけて」と書いてある。劇中劇、いや映画中映画のタイトルが「オリーブの林をぬけて」。はて!?　つまり〝メイキング〟の体裁なのである。スタッフ役はほぼ全員、キアロスタミ映画のスタッフ。また、ドキュメンタリーのようにみせて、実は作品全体がフィクションと、虚と実は意図的かつ入念に混合されている。

主役に選ばれたのはタヘレ。彼女は友だちから借りたシャレた服を着たがる。もっと役柄にふさわしい田舎風の衣裳でないとダメだと言われても、聞かない。頑固だ。撮影が始まると、今度は彼女の相手役の青年が、あがってしまってセリフを言えない。監督は致し方なく、雑用係をしていたホセインを代わりに起用する。パッとしない若者。そして、彼も簡単なセリフが言えない。タヘレが彼と話したがらないので、自分のセリフも出てこない、と。

タヘレもホセインも、第一印象がよろしくない。いや、美男美女でなくてもいい。でも、ハリウッド映画なら、しだいに自己解放して魅力的になりそうな予感を漂わせるのだが、この二人はどうも……

撮影中止。監督が車の中でホセインに事情を聞く。するとホセインは、以前にタヘレに結婚を申し込もうとして、彼女の母親に断られた、と。しかし、大地震が起こり、タヘレは家も家族も失った。生き残ったお祖母さんに再度頼むが、おまえは字が読めない、家もない、頭は空っぽ、孫はやれないと拒否される。

さりげない風景が美しい映画である。ロケ隊のテントの向こうの、風に揺れる緑のオリーブの木々、遊牧民の色とりどりの民族衣裳、さらにロケ現場の貧相な家はベランダの柵が水色のペンキで塗られ、そこに鉢植えの赤い花が置かれている。その色調がどこか欧米人や日本人の感覚と異なる。銀幕に異国情緒を越えた、紋切り型でないイランがかいま見える！

軽トラの荷台でホセインが監督に語る。自分は字が読めないから、教育のある女性と結婚したい。親のどちらかが子供の宿題をみてやらないと。地主同士や金持ち同士が結婚してもダメだ、字が読める者と読めない者、金持ちと貧乏人、家のない者とある者が結婚して助け合えば、世の中はよくなる。ほほう、いい話だ。これが映画の隠れたメッセージかな。

撮影が再開される。おっ、今度はホセインとタヘレの会話がスムーズに進む……ロケの合間、ホセインが果敢に彼女にアタックする。下を向いて本を読んでいるタヘレに、僕は幸せになるために結婚する、君は勉強を続ければいい、僕が働く、僕の望みは君を幸せにすることだ……僕が好きかどうか教えてくれ、口に出すのが恥ずかしければ、本のページをめくってくれ……タヘレがページをめくろうとしたところで、ヘッヘッヘッ、撮影再開の声がかかる。

ハリウッドがCG映像の開発に躍起になり、台本がスカスカになった一九九〇年代、世界中で低予算の小さな手作り映画が制作されるようになった。キアロスタミはその筆頭監督のひとり。自国のささやかな現実をテーマに映画を撮る。

この作品も、イスラムの厳格な伝統と戒律の中で、いかに若い男女が意思を疎通させるか。その心の機微が観客の胸を打つ。

ラストはオリーブの林をぬけ、坂道を登り、丘を越え、ホセインがタヘレを追いかける。ジグザグ道。さながら人生を象徴するようなジグザグ道！　二人を超ロングのカメラが優しく見守る。やがて、豆粒みたいな男女が立ち話をしたよう。彼女の返事は？——ホセインが元来た道を駆け戻ってくる、オーボエの軽やかな音楽に乗って……

極上の、小さな小さな恋の物語である。

40 生き埋めの人生

『しあわせな日々』

次は不条理演劇の親玉、サミュエル・ベケットである。僕はずっと素通りしてきた作家。学生のころ、まだリアリズム演劇でさえよくわからなかったのに、こんな反リアリズムの、絵画でいえば抽象的な現代画のような作品になんて、とても食指が動かなかった。

代表作の『ゴドーを待ちながら』（一九五三年初演）は、神を信じられなくなった現代にあって、永遠に現れないゴドー（神《ゴッド》のもじり）を待ちながらさ迷う現代人の姿を追う——といったって、主要人物は汚らしいおっさん二人、彼らが田舎の一本道でブツブツと雑談するだけ。ストーリーはほとんどなし、最後まで啓示の瞬間は訪れない。

ベケットはアイルランド人だが、パリへ渡り、フランス語で戯曲を書いた。その小劇場のコント芝居をものした作家は、ついに一九六九年、ノーベル文学賞を受賞するに至った。日本でも流行《はや》ったなあ。僕よりひとつ上の、アングラ演劇世代の面々は、〝ゴド待ち〟を理解せぬ者は現代演劇の何たるかがわかっていない、みたいな議論をしていた。

でもね、こんな形而上的な芝居、俳優がよっぽど達者でないと、悲惨だよ。興味が湧かない作品を下手な役者で見たら、もう二度と付き合いたくなくなる。そう思って、他日を期すること数十年。

で、ロンドンの僕の行きつけの芝居小屋にヤング・ヴィクなる実験劇場《フリンジ》がある。元は肉屋だったという建物を改造した典型的なフリンジの小劇場。そこではウエストエンドの商業劇場とは一味も二味も違うラディカルな芝居をいつも見せてくれる。

そのヤング・ヴィクに二〇一五年春、サミュエル・ベケットの『しあわせな日々』（一九六一年初演）がかかるという。しかも主演は僕のお気に入りの名優ジュリエット・スティーヴンスである。ベケットと出会うチャンスがいよいよ到来したかな。よし、ロンドンへ行こう！

戯曲のト書きによれば、舞台は焼けただれた草原、中央に小丘、目のくらみそうな光、そして五十歳くらいの女性ウィニーが小丘に腰まで埋まっている。二人芝居のもうひとりは、彼女の夫ウィリー。六十歳くらいで、ことば少な、生き埋めになっている妻の世話役といったところだ。要するに、自由のきかぬウィニーが二時間、ひたすらしゃべりまくる芝居である。神の死んだ、仏も西洋だから最初からいない浮世で、独り言《モノローグ》なんだか夫との対話《ダイアローグ》なんだか、日常的なよもやま話を延々と続ける。ヘッヘッヘッ、寝ないで最後まで見られる（聞ける）かしら。

ヤング・ヴィクの舞台は、客席がステージを三方から囲む張り出し舞台《スラスト・ステージ》。昔、「スラスト・ステージの芝居は、前から見ちゃいけない。横っちょから見るのが通だ」と教わって以来、僕は安価ということもあり、たいていサイドの席で見てきた。今回も、おっ、サイドの席が安いじゃないか、前の方の席なのに。しめしめ、ってなもんで、日本にいる間にインターネットでチケットを購入、苦手なベケット劇にもかかわらず、しあわせな気分で劇場へ向かった。

そして場内に入ると――小丘が思っていたより大きいなあ。小丘の上にテント、それを開演五分前にスタッフが取ると、ウィニー役のジュリエット・スティーヴンスンの下半身が砂に埋まっている。それまでざわついていた客席が、急にシ〜ンとなる。客電が落ち、ふたたび明るい照明がつき、けたたましいベルの音とともに開幕する。

失敗した！　僕の上手《かみて》（舞台に向かって右側）の席からは、舞台の下手《しもて》にいるウィリーの姿が、小丘に邪魔されてほんの頭くらいしか見えない。貧乏人の安物買いだったかな。仕方ない、一所懸命二人のセリフを聞くか。

ウィニーは戯曲にあるとおり、よくしゃべる。早口ではない、僕にもわかりやすい明瞭な英語だ。なんでもそれまでのウィニー役者は、僕がイギリスの女優でいちばん好きなフィオーナ・ショーをはじめとして、アイルランドなまりで話したとか。でもジュリエット・スティーヴンスンはあえてイングリッシュ・アクセントで挑戦した。なるほど。

ウィニーは歯を磨き、口紅を塗り、帽子をかぶる。ごく日常の行為だ。おっと、日傘が熱い日差しで燃えだす一場も。僕みたいなすぐにウトウトする観客の目を覚まさせるための小道具でもあろう。

二十分の休憩を挟んで第二幕は、ウィニーが首まで埋もれている。ますますしゃべるしかない。彼女の顔の前に拳銃が置かれていてハッとさせられるが、手も埋まっているから、自分では撃てない。ウィニーは同じセリフをしばしば繰り返す。「しあわせな日々」とも――客席から笑いが起こる。生き埋めの人生のどこが幸福なんだ!?

舞台美術担当のヴィッキー・モーティマーが劇場パンフレットのインタビュー記事で語っている

——ヤング・ヴィクの3Dの空間では、客席によって見え方が違う、観客はそれぞれ異なる体験をする、人生と同じ、誰も全部が見えるわけではない、と。ヘヘエ、サイドの安席でもよかったみたい。また、観客に「わかった、もうこの劇場にいて芝居を見つづける必要はない」と思ってほしくない、デザイナーの役割は現実《リアリティ》と詩《ポエトリー》とが出会う場所を作ることだ、とも。

およそ明示的でない、変てこな芝居。だが見終わると、暗示の力を実感させられる。そう、我々の人生だって、大病やら突然の事故やら、いつ生き埋めになるかわからない。それを、アンチリアリズムの、状況だけの象徴劇だからこそ、各人があれこれと自由に想像しながら鑑賞できる。哲学と同じ、クチャクチャと咀嚼《そしゃく》させる難解さが大切なのかも。二時間、日常を異化した、抽象的な、神話化されたベケットの詩的なイメージと戯れる、それもまた楽しからずや。

＊ヤング・ヴィクの『しあわせな日々』は二〇一四年に初演された。僕が見たのは再演の舞台。演出は若きナタリー・アブラハミ。

第11章 反体制

41 もの言えぬ王女の一言

『ローマの休日』

「ローマです」――名ゼリフ、必ずしも気の利いた殺し文句にあらず。なんの変哲もない一句が人々の心を揺さぶることもある。

ご存じ、『ローマの休日』（一九五三年、アメリカ映画）のラストシーン、お忍びの休日後の記者会見で、オードリー・ヘップバーン扮する王女アンが尋ねられる――「最もお気に召されたご訪問地は？」侍従に耳打ちされ、「いずこの地もそれぞれに忘れがたく……」。だが、意を決して、「ローマです」。

〝銀幕の妖精オードリー〟が誕生した、ヘップバーンのアメリカ映画初主演作にして、まぎれもない出世作である。某小国の王女アンはヨーロッパ親善旅行中。ここローマでも、満面の笑みを振りまいて、人々を魅了する。しかし、舞踏会で出席者たちのあいさつを受ける、そのスカートの中では足をモゾモゾ。あれま、靴が脱げてしまった。アンのうんざりした気持ちを、野暮な説明抜きで的確にスクリーンに映し出す。

そんな王女様にチャンス到来。夜、宿舎を抜け出して、ローマの街へ。やったあ！　潜り込んだトラックの荷台から見える、庶民が夜遊びをしている様子。なんでもない風景が、窮屈な生活を強いられているアンには、とっても自由そうで魅力的に映る。

王女はほどなく道端で寝込んでしまう。彼女を拾ったのはアメリカ人の新聞記者ジョー・ブラッドリー（グレゴリー・ペック）。翌日、ジョーは新聞の写真で、彼女の素性を知る。こりゃ、大スクープになるぞ！　何食わぬ顔でアンに、一日思いきり遊んでみたらどうだい？　プリンセスの「ローマの休日」が始まる。

監督はウィリアム・ワイラー。アルザス出身のユダヤ人、叩き上げで職人肌の監督は、およそどんな分野の映画も作る。ワイラーの作品だと気づかずに、彼の映画を見ている観客も案外多いのでは。復員兵のその後を描いた社会派ドラマ『我等の生涯の最良の年』（一九四六年）、古代ローマものの大スペクタクル『ベン・ハー』（一九五九年）、主演のローレンス・オリヴィエを徹底的にしごいた『嵐が丘』（一九三九年）、おっと懐かしき西部劇『大いなる西部』（一九五八年）もワイラーじゃないか。彼は納得するまで撮り直す完璧主義者として有名で、〝ナインティ・テイク・ワイラー〟と呼ばれた。

そのワイラーは、オードリーの表情をアップで捉え、そして彼女の主観カメラで王女様の見た情景を巧みに活写する。アンがジョーのアパートで目覚めるシーン、宿舎の高い天井が見えるはずなのに、あれ、ここはどこ!?　昨晩の夢に出てきたアメリカ人が目の前にいる。

アンは美容室で髪をバッサリ。やってみたかったんだ。スペイン広場でジェラートをほおばる。美味しい、美味しい。ふつうの女の子の青春！　ジョーに連れられて、パンテオンの隣の屋外カフェで一休み。そこでジョーの相棒のカメラマン、アーヴィング（エディ・アルバート）と合流する。

彼はライターの形をした隠しカメラでお忍びの王女がタバコを吸う姿を撮る。古代の闘技場コロッセオ見物。スクーターの二人乗りでは大暴走して、警察にしょっ引かれる。「真実の口」――教会の外壁に刻まれている海神の口に嘘つきが手を入れると、食いちぎられるという伝説がある――では、ジョーが手を……「ウォーッ」、「キャーッ」ジョーのおふざけに、アンは本気で驚く。むろんスクープ写真もバッチリ。

夜はサンタンジェロ城のすぐそば、野外のダンスパーティに行く。しかし、シークレット・サービスに見つけられて、ジョーと一緒にテヴェレ川にドボン。川岸で、濡れネズミの二人は初めて唇を合わせる。でも、もうお別れ。アンは二十四時間のアバンチュールを切り上げて、宿舎へと帰っていく。

スリムなオードリーはマリリン・モンローに代表されるハリウッドのセックスシンボルとは対照的だ。それまで女性の命とも言われた長髪もチョンチョンと切ってショートカットになるし。この映画の後も、サブリナパンツやらぺちゃんこの靴やら。体型も髪型もファッションも、彼女は女優の美の基準を変えてしまった。

そのハリウッド黄金時代のトップスターの出世作にして、いきなりの代表作である。甘酸っぱくて、さわやかで、切ない、おとぎ話。が、そもそもはイギリスのエリザベス女王即位（一九五二年、戴冠式は翌五三年）に当て込んで、大急ぎで作られた映画だという。政治性など皆無!?

けれども、苦労人のウィリアム・ワイラーは、例の赤狩りでは映画人擁護の先頭に立って奮闘した人である。アメリカが共産主義の進出にヒステリックに反応して、ハリウッドのリベラル派を片っ端から追放した時代。その思想統制で目をつけられた面々をローマに呼び寄せて撮ったのが、この清々しきラブコメ。脚本は赤狩りで投獄されたひとり、ドルトン・トランボが匿名で書いた。

王女の会見の場。記者の質問に答えて、「国家間の友情を信じます」。お付きの者たちは、よしよし上手に答えた、と。だがその後に、「人と人との間にも信頼関係が存在するように」。えっ、なんだその即興は、と侍従は怪訝《けげん》な顔をする。そう、赤狩りでは国家によって映画人たちの信頼関係が、ズタズタのボロボロにされた。

そして、くだんの「ローマです」。本音の言えぬ王女が口にした一言。それは同時に、もの言えぬ左翼たちの万感の思いがこめられた一句でもあった。そのリアリティ、その重み！

42 集団催眠への抵抗

『犀』

サミュエル・ベケットとともに、パリで花を咲かせた不条理演劇の作家ウジェーヌ・イヨネスコ、彼の『犀』（一九六〇年初演）を紹介しよう。フランスののどかな田舎町に犀が現れる――アフリカじゃねえだろうに――バカバカしい《アブサード》三幕芝居である。

夏の日曜日の正午近く、ジャンとベランジェがカフェで落ち合う。ジャンはまじめで端正な身なり、一方のベランジェはチャランポラン、無精髭によれよれの服、昼間っから酒臭い。

と、しばらくすると、何かが暴走する音が聞こえる。ジャンが「おお、犀だ！」、しかしあっという間に立ち去る。この場面、観客にはまだ獣の音だか鳴き声だかしか聞こえない。論理学者が、恐怖は理性が克服すると、うがったことを宣《のたま》う。おかしいなあ、この町には動物園もサーカスもないのに。カフェに居合わせた人々は皆、好き勝手なことをしゃべっている。ワイワイガヤガヤと騒々しい、ドタバタ喜劇調の芝居である。

第二幕は、月曜日の朝、ベランジェの職場たる役所の事務室。昨日犀を見たと興奮しながら話す人間と、そんな戯言をと相手にしない同僚と。ベランジェが遅刻して出社。さらにブゥフ夫人が駆けこんでくる。犀に追いかけられてやって来た、犀はそこにいる、ワッ、階段が犀の重みで崩れ落ちる。ここでもまだ犀は姿を見せない。騒音と埃《ほこり》だけ。その方が観客の想像力はかき立てられる。ブゥフ夫人は、犀の優しげな叫び声を聞いて、「夫です、あれは！」彼女は主人を放っておけないと言って、階段から飛び降り、犀の背中に乗って去ってゆく。これもむろん、セリフで窓外の様子が語られるだけである。

ベランジェがジャンの家に行く。ジャンは寝込んでいる。緑色のパジャマを着て、髪はクシャクシャ。風邪を引いたのかい？　頭が痛い。あれ、鼻の上に小さな瘤《こぶ》があるぞ。ジャンが浴室の鏡を見に行き、戻ってくると、顔色が緑がかっている。息づかいも荒くなる。苦しそうだなと言うベランジェにジャンは、君の呼吸が弱々しすぎるんだと反発する。おや、皮膚が象の皮のようになっている。ジャンが浴室でシャワーを浴びてくると、鼻の上の瘤が大きくなっている。

ジャン役の俳優の見せ場である。浴室から出たり入ったりしながら、少しずつメイクを変え、しだいに犀に変身していくところを見せる。「人間の作った道徳は自然に反する」、「われわれのあり方の土台を建て直さなくちゃいかん」、「ヒューマニズムなんてもう古くさい！」。ジャンが浴室で暴れだす。窓外には犀の大群がいるらしい。

第三幕はベランジェの部屋。寝椅子に横たわったベランジェが、夢の中で犀と戦っている。ハッと目を覚まし、自分の額に瘤がないのを確かめて、ホッとする。あんなにまじめなジャンが犀になってしまった。優等生の方が染まるのは早いってわけだ。役所の部長も犀になった。高い地位にいた人がなぜ？　あっ、角にカンカン帽を引っかけた犀がいる。あれは論理学者の帽子だ。理詰めの人間まで大勢《たいせい》に流されてゆく。もう町の住民の四分の一くらいは犀になった。

初演時のパリの観客なら、犀の正体はファシズムだと容易に気づいたはず。イヨネスコはルーマニア人の父親とフランス人の母親の間に生まれたハーフである。彼は戦前のルーマニアで、ヒトラーを歓迎する民衆が熱狂的にファシズムに傾斜していくのを目の当たりにした。かの国の極右ファシスト団体「鉄衛団」は緑色の制服を着ていた。

全体主義《ファシズム》は、個人主義だの自由主義だのは軟弱だと退け、それよりは強権を有する国家に寄り添え、その方が各人の人生もまた充実するだろう、と唱えた。時あたかも世界恐慌による経済不安、さらに共産主義の台頭によって、世の秩序も善悪の観念も大きく揺らいでいた。ファシズムはなにもヒトラーの専売特許ではない。政治的にも経済的にも思想的にも混沌とした時代に、ひ弱な個人でいるよりは剛健な精神を尊ぶ旗の下に集《つど》えと吹き込まれ、世界各国で類似の運動が展開された。

それを動物になぞらえたら、堅い皮膚をもった犀になったというわけだ。もっとも、メッセージが強すぎる頭でっかちな教訓劇ほどつまらないものはない。だからイヨネスコは、犀が暴れ、人々が獣に付和雷同していくブラック・コメディに仕立てた。観客が「あゝ、犀はファシズムなのね」と気づいても、劇場を後にしないだけの黒い笑い《ブラック・ユーモア》を細部に仕掛けた。

ベランジェの部屋に彼を憎からず思っているデイジィがやって来る。お弁当を持ってきた。町の人たちはもう犀の群れに慣れてしまって、誰も驚かなくなったわ。ベランジェが彼女に愛を告白する。僕にまだこんな情熱が残っているなんて。デイジィは「わたしたちは、自分に対して幸福である義務が、なにものにも支配されない義務があるわ」と。

電話がかかってくる。犀の声だ。ラジオからも犀の声が。放送局も、それから政府も奴らに乗っ取られた。だんだんデイジィが混乱してくる。ベランジェが語る愛を、それは病的な感情よ、弱さね、なんだか恥ずかしいわ、と否定しはじめる。彼女は苦しみながら出ていく。

　ついにベランジェひとりになった。「それほど醜くないよ、人間は」――ベランジェの長ゼリフが始まる。犀と話すには、彼らのことばを学ばなくちゃならん。人間は醜くない。いや、僕は美しくない。僕には角がない、のっぺらぼうだ。僕の皮膚は柔らかい、あゝ、堅い皮がほしい。僕にはたくましさがない……「ぼくはみんなのところへは行かない……負けないぞ、絶対に……」

　アル中ぎみの、教育のないベランジェが、自信なさげに、しかし熱に浮かされたように発するこの終幕の抵抗宣言に、僕は何度戯曲を読んでも心が震えてしまう。愛だの恋だの個人の自由だの、人は小さな幸福のために、ささやかな人生のために、己ひとり〝反体制〟を貫くことができるか。とくに周囲が集団催眠にかかったようにひとつの方向に走りはじめた時に。

　ファシズムの時代を愚かだったと切り捨てても、この〝同調圧力〟の強い現代日本で、〝お任せ民主主義〟にどっぷり浸《つ》かりこんでいる我々が、あのころの人間より自分たちの方が賢いと誰が言えるだろうか。ヘヘエ、戯けた《アブサード》、ケタケタ笑える黒い喜劇《ブラック・コメディ》の超リアル！　ヤバッ！

＊『犀』からの引用は、『ベスト・オブ・イヨネスコ』（白水社、一九九三年）所収の加藤新吉訳より。

43 レジスタンスを語りたがらず

『リスボンに誘われて』

みごとなサスペンス映画である。ビレ・アウグスト監督の『リスボンに誘われて』（二〇一二年、ドイツ・スイス・ポルトガル合作映画）は、一九七四年にポルトガルの独裁体制が無血クーデターによって崩壊した、いわゆる「カーネーション革命」ないしは「リスボンの春」の内幕を三十年後に初老の教師が追う物語である。原作はスイス生まれの哲学教授パスカル・メルシエのものしたベストセラー小説（二〇〇四年）。

スイスのベルン、雨の降る朝、高校で古典文献学を教えるライムント・グレゴリウスは、橋の欄干から身を投げようとしている若い女性を助ける。いずこへか姿を消したその娘が着ていた赤いコートのポケットに入っていたのは、ポルトガル語で書かれた『言葉の金細工師』なる本。その書物の間からリスボン行きの列車の切符が落ちる。彼は駅へ向かう。娘の姿は見えないが、列車は発車するところ。なんとライムントはその列車に飛び乗ってしまう。

夜を徹して走った列車は、翌日陽光に映えるリスボンに到着する。ライムントに扮するのは、ジェレミー・アイアンズ。時にあくの強い演技をする役者、でも今回は博識だが退屈で、奥さんにも離婚されてしまった堅物教師を渋く演じている。主人公というよりはむしろ狂言回しに近い役だ。

ライムントは本の著者アマデウ・デ・プラドの住所を調べて訪ねる。出てきたのは彼の妹だという老女アドリアーナ。おっ、シャーロット・ランプリングだ。歳をとっても、あのキッとした目は昔のまま。学生時代に見た『愛の嵐』（一九七四年）の彼女は、あまりにも刺激的だった。喪服のような黒い服を着たアドリアーナは、兄の本は百部刷っただけ、手元に六冊ある、残りの行方を知りたかったと語る。帰り際、老家政婦がプラゼーレス墓地へ行ってみろと、こっそり教えてくれる。

ライムントが墓地を訪れると、そこにはアマデウの墓があった。一九七四年四月二十五日没。おゝ、「カーネーション革命」のまさにその日に他界している。そして墓碑には「独裁制が事実ならば、革命を起こすのは義務だ」とも。

地図を手にフラフラと石畳の坂道を歩いていたライムントは、自転車にぶつかって、メガネを割ってしまう。ド近眼の文献学者は、メガネがなくては「世界《ムンドゥス》」が見えぬ。さっそくメガネを作らねば。検眼士のマリアナは、ヘヘエ、マルティナ・ゲデックではないか。『善き人のためのソナタ』（二〇〇六年）で反体制作家の官能的な恋人に扮したゲデックは、ここでは地味な独身の技師。ライムントが検査をしてもらいながら、彼女に本の話をする。心に残った一節は、「人生の真の導き手は偶然だ、残酷さと思いやりとうっとりする魅力に満ちている」。また、新しいメガネをつけて、「前のメガネの方がよかった、これは軽すぎる」、するとマリアナが「すぐに慣れるわ」。なにげないセリフだが、後の場面の伏線になっている。

文芸映画は原作のおかげで、セリフの密度が濃いことしばしばである。とくにこの映画は、ことばに含蓄がある。文学的で、知的で、幻想的で、それから哲学的でもある。

マリアナは伯父のジョアンに会わせたいと言う。アマデウを知っている。なんとも偶然だ。レジスタンスをしていた、変わり者よ。スペインが長くフランコ体制にあったのはご存じの方も多かろうが、お隣のポルトガルもサラザールによる独裁体制が四十年ほど続いた。その世代の人たちはいまだにかつて起こったことを、加害者も被害者も語りたがらないのよ、とマリアナ。そう、近過去の話、まだ当時を知る者たちが生きている。

ライムントが施設に入っているジョアンを訪ねると、彼はアマデウをよく言わない。あいつは罪悪感から反体制派に加わっただけだ、と。ジョアンがポケットから手を出すと、無惨に潰されている。コーヒーカップも持てない。秘密警察にやられたんだ。

老いてもなお反抗的なジョアン役は、トム・コートネイ。ほほう、『長距離ランナーの孤独』（一九六二年）で反逆的な目をしていたあの感化院の少年が、こんな年寄りになったのか。

僕は青春時代に嬉々として見た俳優が、爺さん、婆さんになってから出演する老人向けの映画が好きではない。もういいよ、昔のイメージを崩さないでくれ。でも、この映画は違う。謎めいた劇の中で、それぞれが往年の役柄と微妙に呼応する存在感を醸《かも》している。

ライムントはアマデウの学校時代の教師、バルトロメウ神父（クリストファー・リー）に会いに行く。老神父は、ジョルジェのことを話す。アマデウの親友、だが青物商の息子で、労働者階級の出身だ。一方のアマデウは、サラザール政権下で裁判官を務める貴族の長男。二人が共作した卒業式のスピーチは、独裁政権とそれを支えたカトリック教会の教えに対する抵抗を唱えていた。

やがてアマデウは医者になり、ジョルジェは彼の援助で薬局を開く。ジョアンは、アマデウが命を助けた秘密警察官によって手を砕かれていた。さらにアマデウとジョルジェはレジスタンス運動の中で同じ女性エステファニアを愛してしまう三角関係に。いや、アドリアーナの兄に対する思いを含めれば、四角関係ともいえようか。男女の複雑な心の機微。

そう、暴政や革命の最中《さなか》にあっても、個々人の生活や感情がなくなるわけではない。ライムントがやっと見つけた老ジョルジェは、『ベルリン・天使の詩』(一九八七年)、『永遠と一日』(一九九八年)の名優ブルーノ・ガンツ。同じくエステファニアは、『存在の耐えられない軽さ』(一九八八年)のサビナ役、レナ・オリン。あまり有名な俳優を集めすぎると、肝心の作品が空中分解するものだが。

けれども、名だたる役者たちをピシッと抑え、絶品の原作小説にも負けていない。それが名匠ビレ・アウグストの演出力である。さすが、『ペレ』(一九八七年)、『愛の風景』(一九九二年)で二度カンヌ映画祭パルム・ドール大賞を獲得しているのは伊達じゃない。

そして、レジスタンスものによくある勧善懲悪に陥っていないのが、何よりも気持ちいい。抵抗運動《レジスタンス》も裏側はこんなもんだよな、善玉と悪玉、被害者と加害者は、そう簡単に分けられない。語りたくない過去は多々ある、たとえそれが無血革命と呼ばれる栄光の歴史でも。

ヨーロッパ映画ファン必見の、濃密なサスペンス劇である。

＊パスカル・メルシエの原作小説の邦訳に『リスボンへの夜行列車』(浅井晶子訳、早川書房、二〇一二年)がある。小説と映画のどちらも傑作と呼べる作品は少ないが、これは両方とも一流と断言できる。

44 加害者意識

『悪人礼賛』

自分の仕事部屋の本棚にある書物で、僕が最も〝拾い読み〟した回数が多いのは、『悪人礼賛中野好夫エッセイ集』（ちくま文庫、一九九〇年）であろう。むろん『中野好夫集』全十一巻（筑摩書房）も本棚には置いてあるのだが、仕事に疲れたり気分が落ち込んだりした夜のひと時、一杯の酒を飲みながら眠くなるまで流し読みしたいとなると、安野光雅《あんのみつまさ》が中野の全集から選んだエッセイ三十五篇からなる文庫版の方である。

ずいぶん乱暴なエッセイ、また今では時代状況が変わってしまったと思える発言も多々ある。だが中野好夫の毒舌に触れると、いつも元気が出る、励まされる。

めっぽう口の悪い英文学者にして、戦後の焼け跡民主主義の時代に数々の論陣を張った反骨漢である。高邁な理想を掲げてものを語らず、たとえ矛盾はあっても、人間社会の現実を深く洞察して得た思惟を善しとした。

文庫版の巻頭は、本のタイトルにもなっている、ほんの五ページの短いエッセイ「悪人礼賛」である。曰く、自分がこれまでに迷惑をかけられた相手は、ほとんどが善意、純情の善人ばかりだ、悪人は聡明だから始末がよい、一方善人は退屈で、しかも己の動機が善意であれば一切の責任は免れると思い込んでいる、そんな輩《やから》は精神的奇形《モーロン》だ、と。

御意《アーメン》。善人は自分が悪いことをしているという意識がないから困る。学校にもよくいる、学生への愛と情熱を語りたがる、でも技量とプロ意識に欠ける、独善的な教員が。

中野は五十歳を待たずに東京大学を辞めた。清貧は嫌だ、「学問奉仕の美名にごまかされ、国家の文化アクセサリーを勤めさせられる」のはもう真っ平だ、市民教育以外に戦後日本の再建はないと考えてやっていたが、そんな「女郎の起請文」を真に受けたのが失敗だった、と。もっとも、「大学教授始末記」と称してあれこれ大学と教育行政を批判しているが、本音は国家の金で養われたくないということだったらしい。

民主主義には「個人の完成」が大切だと、中野は繰り返す。あの戦前の「雨のごとき上意下達」を思えば、これからはお互いに意見を述べ合い、納得し同意しながら物事を運営する、それが民主主義の第一であろう、と。ところが、日本人は集会で意見を求められても、述べるのは「一言居士か、屁理屈屋」に決まっている。しかし一度会場を出るや、怖《おそ》ろしく雄弁な悪口や攻撃が始まる。街頭でも車中でも、「熊さんも八さんも実に勝手気儘な政府の無能攻撃」、「大臣などは実に三文の値打もない」と。だが、表立っては……あの超国家主義の時代に、あんな体制を心から支持していた国民は少数者だったはずなのに……軍部怨嗟《えんさ》の民の声はすべて蔭の声に終わった。

また、民主主義は英雄崇拝を好まない、と中野は強調する。戦争中の「指導者出でよ、大号令を待つ」というあの国民の悲鳴のような声は了解できなかった。一般大衆だけでなく、知識層もそう言い、一流新聞まで三日に一度は書いた。民衆は指導者に従う「群盲」だった。しかし、民主主義の国民観では、人間、そんなに大差はない、政治家なんてふつうの能力のある人間なら誰にでもできる、ただ誰もが政治家になるわけにいかないから、適当な人に代わってやってもらうだけ。けれども、そこまでいくには、個々人の成熟が必要である。「個人主義の発達をみない社会では民主主義は行われない。衆愚政治に堕する危険がきわめて大きい」と。そう、十人程度の集団でも、強権によらず、人々を説得する方法で運営したことがある人ならば、「納得による政治」が口で言うほど簡単ではないことは、ただちに了解できるだろう。クラスでも隣組でも町内でも、末端組織で「小さなデモクラシー」の訓練がなされなければ、政治の世界の「大きなデモクラシー」は成就しない。だから中野は、政府と政治家にも手厳しいが、返す刀で民衆に対しても容赦なくもの申す。彼は匿名を嫌う。自分は堂々と署名して悪口を言う、と。それは今日のインターネットの時代、ますます耳を傾けるべき達見といえよう。

中野は終戦直後の新聞が、誰を戦争犯罪人と思うかとアンケートを求めてきた際に、「中野好夫」とだけ書いて送ったという。軍閥や官僚に騙されたのではない、自分が反対を唱えなかったために戦争を防止できなかった、自分も戦犯のひとりだ、と。

彼は戦後の知識人の変わり身の早さをなじった。一方、自分は古い人間、天皇制支持者だと語り、しかし一年間黙して考えた末に、「天皇制は廃止されなければならぬ」と表明した。あの戦争、聖戦とも勝つとも思わなかったが、十二月八日以後は一国民の義務としての限りは協力した。決して騙されたのではない、進んでした、と（この段、『中野好夫集』第一巻所収の「怒りの花束」、「天皇制について」より）。

戦前・戦中の自分の姿勢に対する慚愧《ざんき》、そして自らも加害者だとする強烈な意識。「たとえどんなことがあろうと、ふたたびまたあの暗い日のように、若い人たちの生命をいわれなき死に追いやってはならぬ」、戦後の自分の「丸もうけの余生」はそのために使いたい。

さらに、「近代社会の市民というのは、専門、非専門にかかわらず、各人の信念はもし機会があれば表明することをしなければならぬ」、それが「市民の最大義務の一つ」だと唱え、まず隗《かい》より始めよ――一読乱暴とも思える筆致で、自らの腹の底をさらけ出すがごとき率直さをもって、己の信ずるところを無遠慮に記す。

と、中野の原点、痛恨の戦争体験とそこから生じる加害者意識を知ると、巻頭の「悪人礼賛」をただの無邪気な漫談として読み流せなくなる。善意だの純情だのと言って被害者面するな、民主主義を標榜するならば、まずは大人になれ、強靭になれ、市民としての責任を認識しろと、そう喝破《かっぱ》しているのであろう。

第12章

血縁

45 家族崩壊

『インテリア』

大学生のころ、ウディ・アレンは苦手だった。一九七〇年代に飛ぶ鳥落とす勢いだったニューヨーカーの監督兼コメディアン、彼の撮る自作自演の映画はハリウッドとは一線を画して東部的、知的、そして精神分析的。だが、僕にはその笑いのツボがわからない、饒舌で早口な英語も聞き取れない。映画館では日本人の観客がシ〜ンとして見ている中、数人のアメリカ人だけが笑っていた。ムカつく喜劇だ！

そんなウディ・アレンが、自身は出演せず、しかもシリアスなタッチで作った家族崩壊のドラマ、『インテリア』（一九七八年、アメリカ映画）。これはわかった（ような気がした）。やっとアレンが語れる。嬉しかったなあ。

ニューヨーク近郊ロングアイランドの海岸沿いにある家は、白が基調の簡素で瀟洒《しょうしゃ》なインテリア。ステキ！　それもそのはず、インテリア・デザイナーのイヴ（ジェラルディン・ペイジ）がすべて自分でデザインした。夫のアーサーは成功した実業家、娘三人は独立して各自の人生を歩みはじめている。典型的な中流の成功者の家族である。

しかしこのインテリ家族、皆それぞれにストレスを溜め、お互いの関係にも亀裂が生じているのが見えてくる。イヴは次女ジョーイの家をいきなり訪れ、彼女の夫マイクに、玄関に置く花瓶を買ってきたわ、床を張り替えてね、と押しつけがましく語る。いつもこの調子らしい。ジョーイは、「ママは病気よ」と。

長女のレナータ（ダイアン・キートン）によると、イヴは常にイライラしていて、命令口調、不眠症で入院していた。レナータ自身も、一年前からセックスができなくなり、無気力に陥り、詩作の仕事も進まない、と。さらに六十歳を過ぎたアーサーは、娘たちも独立したことだし、私はイヴと別居したいと提案していた。

アーサーはジョーイをとくにかわいがっていた。でも感受性の強いジョーイは作家をめざすが芽が出ず、姉レナータには強烈なライバル心を燃やしている。末っ子のフリンはハリウッドで優雅な女優業――と思いきや、テレビの端役ばかりらしい。この家族、レナータとジョーイの連れ合いまで含めて全員、自分の人生に満足していない。

と、白い窓枠やドアの隙間に黒のガムテープが貼られるアップの映像。おっ！　ガス栓がひねられる。そして、イヴがゆっくりとソファーに横たわる。やっぱり。転換すると、サイレンを鳴らして街を走る救急車、病院でベッドに寝ているイヴにアーサーが寄り添っている。一命はとりとめた。やれやれ。

落ち込んだレナータが夫のフレデリックに、「外の世界がすべて私の敵に思える」と語るシーンがある。ジョーイについては、「芸術に対する意欲があっても、それに見合う才能がないのよ」と。そしてフレデリックもなかなか作家として認められず、詩人の妻に嫉妬している。それを夫婦、姉妹、親子が、けっこうずけずけ口にする。

競争心と嫉妬心。皆、上昇志向が旺盛で、自己主張が強く、しかし自分の理想に近づけずに苛立《いらだ》っている。いつぞや僕の同僚のアメリカ人が言っていた、「日本人は同僚同士の競争心がないから、付き合いやすい」と。いやいや、競争心がないなんてあり得ない。でも、そうした感情をなるべく見せないようにする、思ったことも口にせず、飲み込んでしまう。

そんな日本社会を、僕は学生のころ、面倒臭いなあ、もっと自分の考えをはっきり表明できる、誰とでも対等に議論できる世の中にならなきゃ、と思いながら英語を勉強していた。けれども、ウディ・アレンの映画を見るたびに、自分の言い分を隠さない、言えば言うほどいがみ合う、そして孤立感を抱き、自己嫌悪に陥っているニューヨーカーたちの姿に、う〜ん、アメリカ人も大変だなあ、日本もアメリカもどっちもどっちかな、と。

で、アーサーが娘たち夫婦に、再婚を考えている女性パールを連れてくる。それがまた、真っ赤な服を着た、教養のないおばちゃん。二人でギリシャに旅行してきた。でも、遺跡より海や食べ物がよかった。芝居の話になっても、パールは全然ついて行けない。結婚歴が二度あり、お金目当てでもなさそう。明るくて、あけっぴろげで……あゝ、パパはこういう女性を求めていたんだ。アーサー曰く、「俺も六十三歳、リラックスしたいんだ」。

白はふつう〝清純〟なイメージを醸《かも》す色である。だが、銀幕にたびたび映し出されるその白きインテリアが、しだいに完璧主義者イヴの整いすぎた、息の詰まる、冷たい作品に見えてくる。そして家族の内面もまた……そこにおよそインテリ一家には合わない赤いドレスのふくよかな女が登場する。滑稽かつ強烈なカラー映画である。

ウディ・アレンがスウェーデンの監督イングマール・ベルイマンにあこがれて作った映画だという。神と人間の、人と人との交流不全《ディスコミュニケーション》をえぐるように描くベルイマン——若いころ、歯が立たなかった北欧の巨匠だ。彼の作品に比べれば、『インテリア』はまだ軽くてクール、学生の僕にも理解できた。

アーサーとパールの内輪の結婚式がロングアイランドの自宅で行なわれる。ささやかなパーティも終わった後、ジョーイが部屋の暗闇の中にイヴがいるのを見つける。娘は暗がりに向かって、ママは完璧すぎる、感情が入り込む余地がなかった、ママが憎い、ちょっとした態度に悪意が潜んでいた……でも愛しているわ、お互いに許し合うしかないのよね、と。ヘッヘッヘッ、ベルイマン調のセリフですな。

イヴはそれを聞いて、深夜の海に身を投げる。場面が転換して昼間、葬儀の後。窓の外の静かな海を見つめる三人娘の顔に、喪失感とともになんとなく解放感も漂う。愛が大きければ、憎しみもともなう。それが止んだ!?　ベルイマンほど重厚ではないが、やはり怖い映画。

46
魂と腸《はらわた》
『叫びとささやき』

僕が二十代のころ、すごいなあ、面白いなあ、と心底思ったのは黒澤明とシェイクスピアだった。三十代で出会ったのは小津安二郎とチェーホフ、四十代で発見したのはケン・ローチとテオ・アンゲロプロス、そして五十代でやっとイングマール・ベルイマンにたどり着いた。若いころ、見るたびに映画館で爆睡していたベルイマン映画を、本気で素直に、すごいと感嘆できるようになった。まあ、鑑賞眼がついたというよりは、人生の垢がついたのだろうが。

そのベルイマン作品から選んだ一本は、『叫びとささやき』（一九七二年、スウェーデン映画）。ずっと「神の不在」をモノクロで寒々と表現してきたという印象のあった彼が、おっ、ついにカラーで撮った！　日本で公開されたベルイマン映画で初のカラー作品は、ヘヘエ、〝赤〟だった。

真っ赤な画面にクレジットタイトル、音楽なし、時々鐘の音。ほどなく鐘は時計が時を告げる音だとわかる。朝、女性が目を覚ます。苦しそうな表情のアップ。引きのカメラが部屋を映すと、掛け布団、壁紙、カーペット、衝立、椅子などが、全部赤。窓外には、きれいな湖畔の風景。舞台となる屋敷の外は、庭も湖も、ごく自然に美しく撮る。なのに、室内はいかにも人間の手が入ってい
る、人為的な赤。そして登場人物たちの衣裳は一様に白。

時は十九世紀末らしい、スウェーデンの田舎のお屋敷で、独り身の中年女性アグネス（ハリエット・アンデション）が末期の子宮癌を患っている。姉のカーリン（イングリッド・チューリン）と妹のマリア（リヴ・ウルマン）がアグネスを看取りに来ている。そんな、いずれもベルイマン作品の常連が演じる三人姉妹の魂の葛藤を描く室内劇。暗っ！

屋敷にはもうひとり、若くて豊満な召使アンナ（カリ・シルヴァン）がいる。映画初出演だという新人である。アンナが朝のお祈りをする。娘は幼くして死んだらしい。親子の写真と、そして小さなベッドがまだある。

医者がやって来る。アグネスの下腹部に手をやる。膨らんでいる。医者がカーリンに、アグネスは長くないだろうとささやく。と、隣室にいたマリアが、「ひさしぶりね」。目が誘っている。男女がキスする。嘘だろ～、姉が死にそうなのに。場面の転換に赤い画面が挟まる。

回想となる。アンナの娘の往診に来た医者を、マリアが胸の開いた赤い服で誘惑する。リヴ・ウルマンの男を求める目が、いやらしくも官能的。二人は昔からの関係だったようだ。主人は留守よ。君の目は落ち着きがない、口元には欲求不満が漂っている。医者とマリアは似た者同士、わがままで冷めていて無関心で、とお互いを非難しながら……

翌日、マリアの夫が帰ってくると、妻の様子ですぐに何があったか察知する。気の弱い亭主は書斎に退き、ペーパーナイフを腹に刺す。だが死ねない。「助けてくれ」と泣きだす。

ベルイマンの映画に登場する男たちは総じて情けない。対して女たちは、すさまじいばかりに欲望と本音をさらけ出す。あな、恐ろしや。

断末魔の叫び声が聞こえる。ハリエット・アンデション、みごとな演技である。開幕から四十五分、映画のちょうど中間で、えっ、アグネスはもう死んじゃうの。

喪服姿の女たち。衣裳が白から黒に替わる。牧師のお祈りに有難みがないのが、苦笑ものである。ベルイマンは牧師の息子に生まれ、父親と教会に反発して、演劇と映画の世界に入った。彼の描く僧侶にはいつも痛烈な皮肉が混じる。

赤い画面がまた挟まり、カーリンの回想が始まる。数年前にカーリンが夫のフレドリックとこの実家のお屋敷に滞在した折。夫は外交官だというが、ずいぶん年が離れた、気難しそうな老人である。食欲のない妻をよそに、バクバクと食べる。カーリンが赤ワインのグラスを倒してしまう。フレドリックはさっさと食事を済ませ、先に寝室に行く。カーリンはアンナに手伝ってもらい、着替えをする。シックな黒いドレスを脱ぐと、ふう〜ん、この時代の女性はずいぶん下に着ているんだ。下着もコルセットも全部脱がせてもらってスッポンポンになり、夜着を着る。そして——ブルッ、先ほどの割れたグラスの破片で、自分の局部を傷つける。夫の待つ寝室に行き、彼の見ている前で、股を開き、局部にベットリとついた血を顔に塗りたくり、舌なめずりする。

夫に抱かれたくない妻、嘘偽りの人生に飽き飽きしている女をベルイマンが表現すると、こうなるのか。一皮むくと、人間の満たされぬ心、エゴ、孤独なんて、こんなもんだぜと、それを激烈な描写で観客の目の前に呈示する。若いころに見ても、意味がわかりません。

アグネスが他界した翌日、マリアがカーリンに、もっと仲良くしたいと申し出るが、姉は拒否する。私に触らないで、優しくしないで、あなたが憎い、本音よ。肉親同士で、そんなこと、言うか!?　かと思うと、姉は妹に許しを乞い、親しげに語らいだす。二人の会話は消し、バッハの無伴奏チェロ曲を流す。芸術ですな。

夜更け、アグネスの目から涙が流れている。私は死んだのに眠れない、皆が心配で。ベルイマンは幽霊話も好きだ。カーリンが呼ばれる。私の手を温めて。が姉は、あなたのことは愛していない、このままおとなしく死んで、と。次はマリア。アグネスに顔を触られ、キスされて狼狽し、逃げ出す。召使のアンナは姉妹を部屋から閉め出し、半裸になって、ふくよかな体、その膝にまだ霊魂があの世に行けぬアグネスの頭を乗せる。静止《スチール》。いい絵だ。十字架から降ろされたイエスを抱く聖母、「ピエタ」!

葬儀が終わり、喪服の夫婦二組が屋敷を去っていく。エゴ丸出しの好き勝手なことを話しながら。誰もいなくなった家で、アンナがアグネスの日記を開くと、そこには人生への感謝が綴《つづ》られていた。本心か、それとも最後の切なる願望か。

赤はふつう、情熱の色である。でも、赤色を華麗に見せるのは難しい。ヘッヘッヘッ、勝負下着も赤を着ると、ちょっと品が落ちるんだよねえ。で、えっ、僕の解釈ですか。映画を最後まで見れば、赤はもちろん人間の腐った腸《はらわた》の色でしょうな。

人生どうある「べき」かではない、人間の心の奥底にある真情を容赦なく突きつける。ほとんどユーモアもなく、緩急の緩なく、しかしずっと緊張感が続く。見終わると、ぐったりと疲れる。けれども、人生の折り返しを過ぎると、時々ベルイマンの、魂の領域に踏み込んだ濃密な映画が無性に見たくなる。

47 オイディプス外典《アポクリファ》

『薔薇の葬列』

人が見たくないものを見ずにはいられなくしてしまう、ベルイマン映画の芸術的な完成度。いやお見事――となると、お次は猥雑でシロウト臭い作品を紹介したくなる。実験映画《エクスペリメンタル》や記録映画《ドキュメンタリー》の分野ではその名を知られた松本俊夫が手がけた初の長篇劇映画『薔薇の葬列』（一九六九年）は、おもちゃ箱をひっくり返したようなタッチでゲイの世界を活写する。

男同士のベッドシーンから。両手が相手の背中に這《は》い、濃厚なキスをし、恍惚とした表情を見せる。白黒映画、けっこう美しいじゃないか。長い付けまつ毛の、プクプクした顔の男の子、誰だ？ほほう、ピーター（池畑慎之介）だ。この時十六歳、映画デビュー作である。松本が六本木のゲイバーでスカウトしたのだという。

ピーター扮するエディは新宿のゲイバー「ジュネ」の看板娘、ベッドのお相手は店のオーナー、権田（土屋嘉男）である。真っ昼間の密会。二人が出てきたラブホテルの前を霊柩車が走っている。死の香りを少々。そして、和服の女（いや男）が街角に立っている。「ママじゃなかった？」権田と同棲しているジュネの雇われママ、レダがこちらを見ている。怖っ！

ジュネの店内の様子を映す。遅刻してきたエディがママに叱られる。エディが客に薬《ヤク》を手渡す。

本物のゲイボーイ七人が出演しているとか。レダ役は、青山のゲイバー「紫」のママさんだ。店の客には、写真家の秋山庄太郎、映画監督の篠田正浩、おっ、蜷川幸雄もいる。友情出演というやつだ。

店の外に出ると、ゲバ棒を持ったヘルメット姿の学生たちが走っていく。一九六九年の映画である。東大安田講堂の攻防戦の年、庄司薫が『赤頭巾ちゃん気をつけて』を書いた。新宿駅の西口広場に学生たちが集まって、気勢を上げた。同じ新宿の街を、骨箱を持った男たちが行進している。前衛集団「ゼロ次元」による街頭パフォーマンスである。

大学生たちが警察の機動隊とやり合っている映像を見ているのは、ヒッピーとかフーテンとか言われた長髪の若者たち。髭面の男はゲバラを名乗る。ヘヘエ、あのころキューバ革命の闘士チェ・ゲバラは英雄だった。ジョン・レノン風のメガネをかけた若者もいる。壁にはビートルズのポスターがベタベタ貼ってある。派手な色柄の服は〝サイケデリック〟と呼ばれたっけ。ヤクによってもたらされる幻覚を表現したものだ、と。マリファナを回してラリッた若者たちは、ゴーゴーダンスを踊り、裸になり、やがて乱交パーティになる。

大学紛争、アングラ演劇、アヴァンギャルド、性の解放、同性愛、ドラッグ、ヴェトナム戦争帰りの黒人……この映画、「過激な六〇年代」の風俗が満喫できる。また、既成の権威をすべて否定するのが流行《はや》りだった時代。だから、俳優もプロよりシロウトが歓迎された。その分、セリフは下手なんだけど。

エディが安映画館の前で出前のソバ屋の自転車とぶつかりそうになり、よろける。フラッシュバックで、彼が子供のころ、両親と撮った写真がワンカット。その父親の顔は、タバコの火で穴を空けられていて見えない。エディが寄りかかった映画館の壁に『アポロンの地獄』（一九六七年）のポスターが貼ってある。ギリシャ悲劇のオイディプス王の物語を取り上げた鬼才パゾリーニの映画、日本封切りは、なるほど一九六九年だ。知らずに父を殺し、母と交わったオイディプスの伝説。フロイトは、男子が母親を慕い、父親に反感をもつ傾向をオイディプス（エディプス）・コンプレックスと名づけた。

と、えっ、ピーター演じる主人公の名はエディか！　エディが昔を回想する短いシーンが時々挿入され、しだいにわかってくる。彼は父親が蒸発して、母ひとりの手で育てられた。その母親がある時、家の二階で情夫と抱き合っているのを見て逆上、エディは男と母親を出刃包丁でめった刺しにして少年院に送られた過去があるらしい。

エディが黒人に抱かれている。と思ったら、映画の撮影だった。劇中劇仕立て。ゲイボーイたちへのインタビューもある。観客が見ている映像が、現実を映したものなのか虚構なのか、境界は意図的にあいまいにされている。ブレヒト的に異化されているわけだ。意味不明な字幕の挿入。これもブレヒト流ってか。我々を物語や登場人物たちに共感させない。

エディたち三人組が女装したまま男便所で連れションし、後から入ってきた男をどぎまぎさせる。ズベ公（女の不良）たちと喧嘩する場面はコマ落としで軽快に。コラージュ風のこのおふざけ映画、なんでも日本人のゲイボーイを描いた初の日本映画として、海外でも評判になったとか。

今から半世紀前のゲイたちは、「変態」とも「オカマ」とも呼ばれた。ジュネのゲイボーイが客に、「丸山（美輪）明宏とカルーセル麻紀と、どっちが好き?」と聞くセリフがある。あの二人は、ずいぶん偏見と戦った闘士だ。その点、ピーターは上方舞の家元（人間国宝）の息子で、育ちがよく、日陰者のコンプレックスがない。とてもユニークなキャラである。

で、権田に邪険にされたレダが自殺する。エディは晴れてジュネのママとなり、権田と心置きなく結ばれる。エディがシャワーを浴びている間に、権田がエディの部屋にあった菊池寛の『父帰る』――古風で臭い小道具だ――を手に取ると、その本の間から、親子三人の写真がパラリと落ちる。その顔に穴の空いた父親は――なにっ！　俺はわが子を抱いていたのか。ジェンダーのひっくり返ったオイディプスの近親相姦の物語。

権田は浴室で、血まみれになって自害する。エディは、そう、オイディプスの悲劇だ、刃物で両目を突き刺す。と、ここで名物評論家の淀川長治が登場して、「怖かったですねえ、なんということでしょう、この呪われた人間の運命、しかも残酷の中に笑いまで込めた、本当の異色作品でしたね」。これ、ドンピシャの映画評！　現代はもはやさめざめと泣ける悲劇が成立しない、異化されたパロディしか作れない時代というわけだ。

ゲテモノのようでいて、そこは実験映画の名匠にして先鋭的な映画批評家でもあった松本俊夫の作品、ギリシャ悲劇の外典《アポクリファ》のようでいながら、案外これがオイディプス物語の正典《カノン》かもしれないと思わせる、当時の非商業的なアート映画運動を主導したＡＴＧ《アート・シアター・ギルド》の代表作のひとつである。

48 憎み合う家族たち

『喪服の似合うエレクトラ』

〝アメリカ演劇の父〟と謳われたノーベル文学賞作家ユージーン・オニール（一八八八―一九五三年）は、第一次大戦後、当時は演劇後進国だったアメリカがまだ自分たち独自の作品を創作できなかった時期に、ヨーロッパの舞台芸術のレベルに追いつくべく、さまざまな形態の演劇を次々と発表した。リアリズム、自然主義、表現主義、フロイトやギリシャ悲劇、さらに独白や仮面などを持ち出して、旧世界が何世紀もかかって培《つちか》った演劇的伝統を一気に移植しようと試みた。

だが、オニール作品のテーマとなれば、ほとんどひとつだけといっても過言ではない。孤独な現代人たちの魂の叫び。人と人とが心を通い合わせたいのにできない、とくに最も近しい関係のはずの家族が！　愛し合おうとすればするほど憎み合う肉親たち、そして愛人たちも。

骨肉の愛憎劇――それはギリシャ悲劇の十八番《おはこ》でもある。そこで選んだのは、オニールがアイスキュロスの「オレステイア」三部作を翻案した『喪服の似合うエレクトラ』（一九三一年初演）。壮大な実験劇である。

『アガメムノン』、『供養する女たち』、『慈《いつくし》みの女神たち』の三部作――十年続いたトロイ戦争が終わり、ギリシャ軍の総大将アガメムノンが帰国する。しかし、妻のクリュタイムネストラは愛人アイギストスと計らって夫を暗殺する。アガメムノンの娘エレクトラは八年間、弟オレステスの成長を待ち、彼にアイギストス、さらに母クリュタイムネストラを殺害させて、父親の復讐を果たす。その後、オレステスは復讐の女神たちに追われて諸国を放浪するが、アテナ女神が裁きの場で彼女たちを説得し、慈みの女神たちの称号を与えて、事を収める。

オニールは三篇からなるこの連作の舞台を、南北戦争直後のニューイングランドに置き換え、若き国アメリカにギリシャ悲劇に相当する神話を創出しようとした。それは時代と場所の設定を変えただけではない、古典劇をオニールの世界観で再構築した、新たなる近代劇を模索する実験であった。壮大ともいえるし、大言壮語ともいえる。だから、オニール劇には常に賛否両極端の評価がついて回った。

ちなみに、僕は三十代のころ、オニール劇を連続上演する小さな劇団で遊ばせてもらっていたことがある。国立劇場から大学の演劇学の教授にトラバーユした先生が持っていた小劇団、スタッフはプロ、役者は、まあ、セミプロかな!?　名は「ユニヴァーシティ・ウィッツ」と称した。最初にオニール劇をやってみないかと誘われた時は、「え～っ、あんな暗い芝居、どこがいいんですか?」と返答した記憶がある。でも、「オニールをやれば、すべての演劇形態が勉強できる」と言われて、その気になった。後には稽古場で、「君たち、下手なんだから、商業劇団が手を出さない作品を上演しなきゃ」とも。

それにはオニールはピッタリの作家である。暗鬱で、俗受けせず、ブキッチョな作り、しかも長い芝居が多い。『喪服の似合うエレクトラ』はノーカットで上演すれば優に六時間はかかる。僕らは一九九四年に、二度の休憩を挟んで四時間半で上演した。

ニューイングランドのマノン家の邸宅に、北軍の旅団長エズラ・マノンが帰ってくる。ギリシャ神殿風のお屋敷は、ピューリタンの醜さを覆い隠して「白く塗りたる墓」のようだという。マノン家の人々は皆、仮面のような無表情な顔をして、心の交流がない。

エレクトラに相当する主人公のラヴィニアは、父エズラの帰還を喜ぶが、長く離れていた夫を嫌悪し、愛人に思いを寄せるクリスティーンは心穏やかではない。愛情不足の人間たち、愛で満たされるべき家族の中で、愛を奪い合い、嫉妬し、それが憎悪を生む。前半は、憎み合う母娘の壮絶なバトルが見どころ。クリスティーンはついに夫を毒殺する。

ラヴィニアの弟オリンが帰郷する。彼には父を嫌い母に思慕の念を抱くオイディプスの心理が反映されている。母と娘の間にオリンをめぐる三角関係が生じる。そのオリンは、敵討《かたきう》ち伝説の主人公たるオレステスとは対照的に、戦場で身心に傷を負った神経質な青年として造形されている。だがラヴィニアに従い、母とその愛人を殺害すると、やがて姉に近親相姦的な愛情を抱くようになる。

オニールはアイルランド系にもかかわらずカトリックの信仰に背を向け、魂の救済をもたらさぬ宗教を否定した。ギリシャ悲劇は一般に「神と人間との戦い」の劇と言われるが、彼にとって神はすでに死んでいる。代わりにオニールは、人間を支配する運命、彼のことばを借りれば「人生の背後の見えざる力」との格闘を自らの作品の主題とし、それは人間ひとりひとりの心の中に存在すると考えた。そう、精神分析学との出会いは必定であった。

芝居の後半は、オリンないしはオレステスの裁きではなく、ラヴィニアが自身の潜在意識の中に潜む罪の意識と対峙する……

暗くて寒～い、ウェルメイドとは言いがたい作品である。アイルランド系に特有の繰り返しの多い、しつこいセリフの数々。観客は我慢を強いられる。しかし、これが自分たちで演じてみると、まんざらでもない。切羽詰まった状況下で愛欲と孤独と憎悪を語る執拗なセリフの中に、極限の愛と生への執着が見いだせる。

ひょっとしたら、「ポジティブシンキングにならないために」なんて考えはじめたのは、オニール劇からの悪影響のためだったかもしれない。

で、僕は公演では、マノン家の庭師、七十五歳のセスに扮した。セリフは少ないが、いつもラヴィニアの横にいて、お嬢様を見守っている爺さんの役。アカペラで「♪オー・シェナンドー」と歌い、幕間の小道具の出し入れを全部ひとりでやった。セリフよりも、老人の歩き方と歌と転換の稽古ばかりしていた。そして、公演を見にきたお客さんが、「あの役者さん、実年齢は五十代の後半くらい？」と話していたのを聞いて、僕は自分の演技に満足し、三十九歳で役者を隠退した。今は懐かしい思い出である。

第13章 セックス

49 執拗な性描写は何のため

『虹』

セックスないしは性欲について、どう語ろう。二十世紀前半のイギリス作家D・H・ロレンス曰く、「セックスを真直ぐに考え、率直であろうとすると、世間は許さない」、それを自然で重要なものと考えることは「気違いじみた禁忌《きんき》」なのだ（『完訳　チャタレイ夫人の恋人』伊藤整訳）。しかり。スケベなおっさんがニヤニヤしながらつぶやくのは、かまわない。でも、真顔で大っぴらに「人間関係でセックスは大切だよ」と語れるようには、二十一世紀の日本社会はまだなっていない。いや、私見を言えば、肉体関係は隠微な秘めごとにしておいた方がエロい！　あまり前向きに考えても沈んでしまう、話がつまらなくなるであろうが。

そのつまらない行為を本気でやったのが、D・H・ロレンスである。戦後のある時期まで、日本でもよく読まれた。英文科の女子学生の卒論、御三家はシェイクスピアとブロンテ姉妹とロレンスなんて言われた時代があった。僕の世代でも、イギリス文学をやるならばロレンスは〝通過儀礼〟だとして、あちこちの授業で読まされた。

僕は必ずしも得意ではなかった。独特の臭みがあって、ねちっこくて、余裕がない、濃密なのにそそらない愛欲描写、そして説教がましいほど己の〝思想〟を語るロレンス節……何より訳しづらいんだよね。予習すると、胃がもたれた。

そのロレンスもパタリと読まれなくなった。いわゆる「チャタレイ裁判」（一九五一―五七年）で、発禁になった伊藤整訳が最高裁まで争い、上告棄却されたころが最も巷《ちまた》でよく知られた作家だった!? その後、『チャタレイ夫人の恋人』の完全訳（羽矢謙一訳、一九七三年）が出版されたころから、しだいに過去の作家になっていったのではないか。

たしかに時代が激変した。検閲がすっかり緩み、今日では過激な映像もインターネットでいくらでも見られる。「フリーセックス」ということばでさえ、もはや死語ではないかと思えるほど若者の性行為も意識も変わった。今さら活字による性描写をどうこう言っても始まらないだろう。

そんなことを考えながら、今は昔の感があるD・H・ロレンスについて一席。作品は彼の代表作のひとつ、『虹』（一九一五年）にした。イギリスでは第一次大戦中に出版され、その翌々月には発禁になっている。

イングランド中部の小地主ブラングウェン一家の三代にわたる愛欲と結婚の物語である。

十九世紀の中ごろ、当家の末息子トムは、学校では劣等生だったが生命力にあふれ、しかし魂は救われずにみじめだった。十九歳の時、酔っ払って娼婦と関係をもち、それまで女といえば母と姉しか知らなかった彼は幻滅を覚えた。トムは二十八歳の時、牧師館の家政婦をしていたポーランド人のリディア・レンスキーと出会う。

リディアは地主の娘だったが、医者で愛国者だった夫と結婚、その夫が亡命先のロンドンで他界、二人の間には四歳になる娘アナがいた。その口元の醜い小柄な未亡人にトムは一目ぼれして結婚する。しかし、リディアは妊娠すると、夫を求めなくなった。トムはリディアの連れ子アナに愛情を注ぐようになる。

そのアナが物語の第二世代。気難しくて気位の高い令嬢に育った。トムの甥っ子と恋に落ち、結婚する。二人きりで思う存分抱き合う新婚生活。日曜日には教会へ行ったが、アナは善良であれと教える牧師に反発を覚えた。長女アーシュラ、次女グドルーンを出産、アナは外の世界で冒険することをあきらめ、母性的陶酔の中に生きるようになった。

だが、三世代目のアーシュラになると、女性も自我の解放の形が変わってくる。彼女は男爵の息子で軍人のスクレベンスキーと肉体関係をもつ。描写は、まあ、下手くそな三流ポルノかな。男の方が消耗し、たじたじとなって、ボーア戦争（一八九九―一九〇二年）――イギリスにとっては負け戦となった植民地戦争――に出征していく。時代は二十世紀になろうとしていた。物語の背景には帝国主義時代のイギリス史がチラリチラリとかいま見える。

作者ロレンスは英国中部ノッティンガムシャーの生まれ、父は炭坑夫、母は教養のある中流の出身と、階級の異なる両親の元で育った。また、大学の恩師の奥さんで六歳年上のドイツ人と駆け落ちし、第一次大戦中はスパイ容疑で家宅捜索されたりもした。二人は戦争が終わるのを待ってイギリスを去り、世界各地を転々とする。ロレンスは四十四歳で結核によって世を去るまで放浪を続ける、短くも波瀾万丈の人生を送った。

まだ全国民に十分な教育の行き届かなかった時代、彼は労働者階級出身で一流の作家となった希《け》有《う》な存在であった。よって、他の中流出身の作家とは、世界の見え方が違う！　階級を異にする人間たちの相互不信、既存体制《エスタブリッシュメント》の象徴たる教会への懐疑、空虚なブルジョワ社会に対する侮蔑の眼差し……

だから、小説の登場人物たちも、そうした欺瞞《ぎまん》多きイギリス社会に悶々《もんもん》とし、憤りを覚えながら、人間同士の真の心の交流を模索する。いや、心が通じ合うためには、まずは肉体から、とロレンスは考えた。

僕にロレンスを教えてくれた先生が言っていた、「日本語では「心身」と「身心」、どっちを書きますか？　英語ではbody and soul、肉体が先なんだよ」と。ロレンスが連綿と愛欲を綴《つづ》る小説には、神が死に、階級の壁が立ちはだかり、個の自立もままならず、孤独に怯《おび》える現代人たちの彷徨《ほうこう》を描く、そんな文明論的な雰囲気が漂う。

なるほど、ただのポルノ小説ではないのね。彼の物語には〝答え〟はない。反知性的で反理性的で、ザラザラと、ベタベタとしている。暗っ！　けれども、快適さを過度に求め、人との付き合いも上っ面だけになる傾向のある現代日本、たまには性愛を真っ正面から扱った重っ苦しい作品を読みながら、我々の日ごろの人間関係について内省してみるのも、娯楽以上の経験になるかもしれない。

＊引用は『完訳　チャタレイ夫人の恋人』（伊藤整訳、伊藤礼補訳、新潮文庫、一九九六年）より。

50 一流監督の撮ったハードコア

『愛のコリーダ』

欧米の映画・演劇界の検閲が一気に緩んだり廃止されたりしたのは、あの「過激な六〇年代」であった。有色人種、女性、そして性の解放の嵐の中で、怒濤《どとう》のごとく「表現の自由」が進んだ。けれども、それで制作者たちが諸手《もろて》を挙げて喜んだかというと、そうでもない。どうやってセックスを描こう、局部を見せよう!?

総じて昔も今も、ヨーロッパ映画の方がアメリカ映画より性表現がオープンなのをご存じか。ハリウッドの恋愛映画は、ベッドシーンを〝究極的な愛の形〟として演出する。甘くて優しい音楽を背景に美男美女がとろけるような表情で恍惚とした瞬間を表現する。人間の裸って美しいなあ……でも、ちょっと冷静に考えてみれば、裸体が美しい人ってそんなに多くはないんじゃないか。スッポンポンより、やっぱりきれいな服を着ている時の方がステキ、心をそそられる。おシャレをして、映画を見て、ご飯を食べて、そう、恋愛なんて、お布団に入るまでの駆け引きがロマンティックなのだ。ヘッヘッヘッ、行為《こうい》自体は——あんな動物的な生殖活動!?

そこで古《いにしえ》のアメリカ映画のラブシーンは、ラストに一回こっきりのキスがあるだけ、いや男女が手を握るだけ、その方がグッとくる、ハッピーな気分に浸れる、という路線であった。だから、今日でもハリウッド映画は、陰毛だの性器だの、それから全裸の睦事《むつごと》もなし、ってのが基本だ。見せているようで、見せていない、隠している。

それに対してヨーロッパ映画は——セックスは日常のふつうの行為、人間に性欲はあって当たり前、だからベッドシーンも人間の裸体も、必ずしも美しく撮らない。現実を現実らしく、即物的《ザッハリッヒ》に捉えようとする。

なので、下半身解禁となった時も、対応はヨーロッパの方が速かった。ええい、全部見せちゃえ。ベルナルド・ベルトルッチの過激な『ラストタンゴ・イン・パリ』（一九七二年、イタリア・フランス合作映画）、ソフトなポルノで女性にも受けたジュスト・ジャカンの『エマニエル夫人』（一九七四年、フランス映画）……今でも笑い種《ぐさ》になっているのは、当時パリに無修正の映画を見にいく日本人の団体ツアーが組まれたという逸話だ。そして、フランスがポルノ映画全面解禁（一九七五年）になるのを見すえて、かの国の制作者アナトール・ドールマンが打った手は、よし、一流の監督にハードコアを撮らせよう。

彼が声をかけた日本人監督は——大島渚！　京大法学部出身のインテリ監督、学生運動にもたずさわり、反骨精神むき出し、常にタブーに挑戦し、犯罪と性を描くことにこだわる。そりゃ、大島が乗らないはずはない。また日本側のプロデューサーに就いたのは、大島の飲み友だちの若松孝二、反体制派の闘士にしてピンク映画の鬼才である。

出来上がった作品が、あの『愛のコリーダ』（一九七六年、日本・フランス合作映画）である。題材は阿部定《あべさだ》事件。二・二六事件の起きた、軍靴《ぐんか》の足音がにわかに高くなった一九三六（昭和十一）年、三十一歳の花柳界上がりの女中阿部定と、四十二歳の料亭の旦那、遊び人の石田吉蔵《きちぞう》が駆け落ちし、待合《まちあい》に引きこもって夜も日も明けず情痴にふけり、はては定が吉蔵の首を絞めて殺し、男の一物を切り取ったセンセーショナルな事件。

阿部定を演じたのは松田英子、寺山修司の劇団「天井桟敷」の役者だというのだが、ほぼ無名の新人である。絶世の美女にあらず、しかし肌のきめの細かさと、それから男に溺れていく表情が魅力的。なんでも女優探しに苦労すると思いきや、女性の出演希望者はけっこういて、むしろ吉蔵役が見つからずに四苦八苦したとか。歌麿の役者絵のような男がほしい、だが、ヘヘエ、大島と若松の前で勃《た》つ男はいない（ＤＶＤ『愛のコリーダ』パンフレット）。結局、当時売り出し中の藤竜也が引き受けた。

物語は、詳しく紹介するほどのことはない。ただひたすら男女が抱き合う。セックスシーンの金太郎飴。なんとまあ、いろいろな体位があるものだ。

きれいで粋な和風ポルノ映画である。開幕してほどなく、定が先輩女中と喧嘩になって台所の包丁を振り回すシーン、酒に酔って狐の面をかぶった吉蔵が帰ってくる。面を外すと、おっ、苦み走ったいい男！　吉蔵は優しく定の手をとり、「刃物握るよりも、ほかのもの握った方がいいんじゃねえのか」。また、定が吉蔵の部屋にお銚子を持っていくと、吉蔵はちゃんちゃんこを羽織って清元を唄っている。洒落者！　男が女の着物に手を入れると、「なんだ、おまえ、すっかり濡れてるじゃねえか」。で、即始まる。

もともと男好きの定は、もうイチコロ。そして、遊び上手な吉蔵まで彼の体も心もすべて独占しようとする定の一途な女心に引きずられて、ズブズブズブ〜ッと。

外国人に戦前の日本の、男女の遊びの情景を見せる作品である。大映京都、太秦《うずまさ》の美術と俳優たちの所作が光る。日本家屋の美しさ、着物姿の日本人、その立ち居振舞い、定の赤い長襦袢《ながじゅばん》の艶《あで》やかさ、お座敷の芸事の数々、三味線音楽……

日本初の無修正ハードコア映画。太秦のスタジオでの極秘撮影は、いつ警察に踏み込まれるかという緊張感に包まれ、また撮影したフィルムはそのままフランスへ送られて、あちらで現像・編集された。

大島渚曰く、自分にとって「それまで禁じられていたもののタブーを破ってゆくことが、私にとってのポルノ映画だった」。さらに、カンヌ映画祭である女性観客が、「女性の性欲というものを、男性のための見世物としてではなく、それ自体美しい真実のものとして描いた、世界ではじめての映画」だと言ってくれたことが、とても嬉しかった、と（同パンフレット）。

ラストは、白い布団の上に、局部が血まみれの吉蔵が横たわる、胸には血文字で「定吉二人キリ」と書かれ、その横に定が肉切り包丁で斬った彼の男根を握りしめて添い寝する。そのツーショットが、陰惨なのにどこかカラッと晴れやかな解放感にあふれている。

これも究極的な愛の形と呼ぶべきであろうか。

51 障害者の性

『セックスボランティア』

僕が、やられた、二十代の小娘――失礼！――にこんな本を書かれては、と心の中で叫んだのは、河合香織『セックスボランティア』（新潮社、二〇〇四年、のち文庫）であった。若きノンフィクションライターが、障害者専門の風俗店に取材し、障害者たちの性欲、自慰、性行為などについて聞き取りを行ない、国内だけでなくオランダにまで飛び、しだいに障害者の性の問題が、健常者のそれときわめて共通することを発見していく。

きっかけは美術大学の学生が卒業制作のために撮影した一本のビデオテープだったという。音なしのモノクロ映像に出てきた脳性麻痺の男は、電動車椅子に座り、気管切開をしているため酸素ボンベが手放せない。話はできないらしく、彼の語りがテロップで流れる。吉原のソープランドでは二時間で三回いった、一番リラックスできるのはアダルトビデオを見ている時だ、などと。そして画面の中で、撮影者の若者にオナニーをしてもらう様子が延々と映される。

この本、「セックスボランティア」なるタイトルのためもあろう、ベストセラーになった。でも読みはじめてみれば、おっ、序章からディープ！　ただのスキャンダラスなセックス本ではなさそうである。

河合が最初に抱いた疑問は、「障害者の性をタブー視してないもののように扱う現実」と「障害者の恋愛を美談として褒めたたえる風潮」だったという。賛成！

ビデオに出ていた障害者、竹田芳蔵《よしぞう》さんに河合が会いに行く。聞けば、戦中も戦後も辛酸をなめている。彼は五十歳の時、初めて風俗店で女性とセックスをした、と。店に連れていってくれたのは、施設の職員だった。その社会福祉士曰く、「最初こわごわと自信なさそうだった障害者が、晴れ晴れしたいい顔をしてお店から出て来る。その顔を見るだけで満足なんです」と。また、手足が不自由な障害者の自慰を手伝うことはある。「おおっぴらに語られていないだけで、身障者の介助の現場では多くの人がしていることですよ。べつに珍しいことではありません」とも。

竹田さんには生涯ただひとりの恋人がいた。彼が入院していた病院の看護婦で、しかし難病で仕事を辞めた。二人は十五年間交際し、セックスはしなかった。それどころか、「好き」とも言えなかった。一度だけ路上でキスをした。その五カ月後、病に絶望していた彼女は鉄道自殺して、四十三年の短い人生の幕を閉じた。

その彼女の、東北のどこかにあると風の便りに聞いたお墓を、竹田さんが河合たちと探しに行く場面がある。田んぼ脇《わき》の林の中にあったお墓で、竹田さんは二十三年ぶりに恋人と再会する。わずかな障害者年金から貯めた五万円を、供養のためにお寺に預ける。彼女と一緒に居酒屋に行きたかった、あの世があってほしい、彼女に会えるから。

河合は情緒を込めすぎず、むろん美談になどせずに、淡々と記す。その筆致がいい。

序章と終章を含めて十章立て。何人もの障害者のケースが紹介される。障害者の性の介助を求めるインターネットの掲示板に応じた既婚の女性の話、障害者専門のデリバリーヘルスで働きはじめた難聴の女子大学生が、お客さんに手話で「ありがとう！」と言ってもらって嬉しかったと語る話。風俗店のオーナーたちは、「障害者のためだなんて関係ない。ただの商売」、また障害者への割引を始めたのは「人生の帳尻《ちょうじり》を合わせている感じ」などとクールに話すが、彼らの訳ありの人生や裏側の心情も、河合は丁寧に掬《すく》いあげている。

パチンコ店に勤務していた三十歳の女性が出会い系サイトで知り合った脳性麻痺の男性と結婚した逸話。周囲は反対したが、彼女は彼を障害者だとさえ思っていない!?　男性経験も多々あった彼女が、彼を一緒にいて一番落ち着ける人だと思ったのは、なぜか。新婚時代は動物みたいに抱き合った二人は、一年半たってセックスは半分くらいに減ったとか。

女性の障害者、さらに知的障害をもっている人たちの性愛や結婚は、よりハードルが高いことが実感される。オランダでは有償で性の介助をする団体を取材し、市役所が障害者に買春するための助成金を出していることも知るが、制度的な支援が進んでいるかの国で、かえって障害者たちの心の空洞を見せられた思いをして、河合は帰国する。

いくつも突き刺さることばがある。「介護を受けるってことは僕らにとっては最大の屈辱なんだ。我慢してるよ。生きるためにね」、「食べることや排泄についてはみんな言い出せるけど、性に関しては何もいえない」。知的障害者のラブホテルツアーを行なっているコーディネーターは、たとえ寝た子を起こすリスクを背負っても、「彼らにだけ、手堅く生きなさいとはいえない。一度きりの人生、責任を負いながらも、自由に自分の生きたいと思った人生を実現して欲しい」と。この人生、誰のもの、ってやつだ。

障害者が本当に欲しいのは恋人だ、でも「障害者の中には人間関係を築く経験が少ない人も多い」。ふつうは手を握るところから始まり、キスをし、だんだんとエスカレートして、「どうやって相手と関係をつくるかに慣れていき、本当の性生活が送れる」ようになる。だが、障害者の場合、「人間関係を築く過程を抜かして、ただセックスする関係だけを求めてしまう」ケースもある。身体的な障害をカバーするだけでなく、「自分自身を受け入れること、そして、社会的にもっと経験を積む必要があります」と。

ここまでくると、健常者についてもまったく同じことが言える。日ごろから上っ面だけでない、仲良しごっこではない、周囲の人々と濃い人間関係を結ぶ大切さ。人にはぬくもりが必要だ。若いころにそれをいちばん実感できるのは──ねっ。D・H・ロレンス文学とも共鳴する、人生の大いなるテーマである。

僕はゼミでよく学生に言う、「いいセックスをしなくちゃ。でも、避妊はちゃんとしろよ」。

終章で河合が、なぜ自分は性にこだわっているのか、ポロリと語るところがある。彼女の幼き日の出来事も。その自分への問いに、長い時間をかけて取材し、個々のケースを丹念に嚙みしめながら、焦らず慌てず答えていく。この娘《ひと》は円熟している。

河合の冷静なノンフィクションを読んでいると、障害者を取り上げるさわやかで甘口なテレビ番組がひどく気になってくる。我々は相変わらず障害者に「清く、正しく、美しく」を押しつけているのではないか、それこそは大きな差別意識ではないだろうか、と。

52 芸術家と性愛
『ピアニスト』

芸術家の恋愛を描いた『ピアニスト』（二〇〇一年、フランス・オーストリア合作映画）は、しかし監督が曲者《くせもの》ミヒャエル・ハネケだと聞けば、あゝ、心楽しくなるロマンティックな恋愛映画ではないのねと想像がつく人も少なくないだろう。さらに原作は、後にノーベル文学賞（二〇〇四年）を受賞するエルフリーデ・イェリネクの物議を醸《かも》した過激な同名小説——な〜んて紹介すると、おののいてしまうかもしれないが、そこは怖いもの見たさ、ぜひ一度ご覧あれ。はまってしまうかもよ。

夜、主人公のエリカが自宅に帰ってくる。扮するはイザベル・ユペール、日本の女優にはなかなか演じられない、好感度の低い、嫌〜な役ができる役者だ。母親が、ずいぶん遅かったとなじり、彼女のバッグの中を調べはじめる。もう中年になっている娘に対してあまりにも過干渉で口うるさい、嫌〜な婆さん。誰だ？　えっ、アニー・ジラルド！　ヴィスコンティの『若者のすべて』（一九六〇年）で僕がほれ込んだ女優が、よせやい、こんな皺くちゃな老婆になっちゃったのか。二人は取っ組み合いの喧嘩となり、しかしほどなく仲直りして、同じ部屋に並んだベッドに入る。

そんな距離の近すぎる母娘関係を見せたところで、クレジット。ピアノの鍵盤を上からのカメラで映す。エリカの厳しいレッスン。彼女はウィーン国立音楽院のピアノ科の教授である。でも、母親の期待するコンサートピアニストにはなれなかった。男性経験もなし。フ〜ッ。

そこに現れたのが、さわやかでイケメンの若者ワルター（ブノワ・マジメル）である。工学部の学生だというのだが、小さな演奏会でエリカの後にピアノを弾けば、おゝ、うまいじゃないか。しかも曲はエリカがこだわりをもつシューベルトを選んだ。エリカの顔がかすかにほころぶ。

そのマルチ人間のワルターが、なんと大学院の試験を受けに来る。指導教官にはエリカを希望する。余裕しゃくしゃくでピアノを弾き、審査員たちは絶賛、エリカひとりが難色を示すが、みごと合格。

で、笑えるのは、エリカがシューベルトの曲をバックに、ポルノショップに行く場面である。男たちにジロジロ見られても動ぜず、表情を変えず、店の個室に入ってポルノビデオを鑑賞する。ゴミ箱の中からクシャクシャのティッシュを取り出し、鼻にあてる。前の客の精液がついたものであろう。また、自宅では風呂場でカミソリの刃を使って局部を傷つける。『叫びとささやき』にもあった自傷行為である。居間に戻ると、まだ血が流れている。母親はメンスだと思う。そして、カーセックスをしている男女を覗《のぞ》いて、涙を浮かべながら自慰にふけり、見つかって追いかけられる一場も。

子供のころから英才教育を受け、おシャレも男も許されず、音楽一途。世間から見れば音大の教授という成功者、しかしトップレベルのピアニストにはあらず。なるほど、内面の抑圧は相当なもののようだ。

そのエリカのつっけんどんで無表情な顔をカメラはしばしばアップの長回しで捉える。と、彼女のごくわずかな表情の変化、感情の揺れが楽しめる。さらにイザベル・ユペール、あんた、スッピンじゃないか。肌も決してきれいな役者ではない。それでスクリーンいっぱいに顔をさらす。観客を同化させない、これがヨーロッパの女優のプロ根性である。

一方のワルターは、屈託のない、笑顔のステキな好青年タイプ。音楽の才能は抜群だし、アイスホッケーもやるスポーツマン、女性にもさぞやもてるだろう。なのに、エリカに一目ぼれしたと語って、年の離れた堅物の先生を誘惑する。こいつ、何者？――というあたりも、この作品のひとつのサスペンスになっている。

ワルターは誰にでも優しい。女子学生が緊張して下痢をしたと言ってリハーサルに遅れて来ると、さりげなく声をかけ、ピアノを弾く彼女の横に座って励ます。それを見たエリカは、なんと自分の教え子でもある女子学生のコートのポケットにガラスの破片を入れて、彼女の指にけがをさせる。恐ろしきかな、女の嫉妬。

ワルターはすぐにエリカの仕業だと気づき、彼女をトイレまで追いかける。個室にこもるエリカを外に出し、激しくキスする。先生もワルターに身を任せる。でも、抱かれることは拒否する。エリカはワルターのジーンズに手を入れ、彼のペニスをしごく。口にもくわえる。それを延々と映す。けれども、女は自分の性器は触らせない。青年は、これじゃ拷問だと言って、自分で手淫しはじめる。外からバッハの「ブランデンブルク協奏曲」の演奏が聞こえてくるのが、痛烈な皮肉だ。エグい場面なのに、爆笑できる。

いや、赤裸々で露骨なシーンに見えて、局部は一切映さない。そこは性器丸出しの『愛のコリーダ』とは異なる。顔の表情や息遣いや、しかしそっちの方がよほど過激にも思える。また大島渚が醸した解放感はない。ハネケは人間の心を裏側から観察し、ザラッとしたタッチの作品を撮る。

トイレの一件があった後、おっ、エリカがうっすらと口紅をつけている。さらに、赤い帽子なんかかぶっちゃって。情熱の赤だ。ワルターがエリカの後をつけて彼女の家へ行く。ベッタリの母娘関係に乱入するわけだ。エリカはワルターにサド行為を要求する。この女、潔癖症で、覗き趣味があり、マゾヒズムの気もあるのか？　天上の音楽を奏でようとする志をもつ女がこんなもんか!?　ハネケは美しき音楽を生む心と、ロマンティックな恋愛にまつわる幻想を容赦なく引っぺがす。

そう、映画は――演劇や文学も――「道徳」ではない。かくあるべしを描かない。また、彼の作品は浮世を忘れるための娯楽《エンタメ》映画にあらず。だが、気晴らしにはならないが、人間の魂のスッポンポン、全裸の姿が見られる。それによって我々は、己の体内に溜まった毒の排泄《カタルシス》を経験することができる。

ワルターはどうやらチャラいプレイボーイだったようだ。ラストでそれを知ったエリカは包丁を自分の胸に突き刺すが、死ねない。軽傷。そしてコンサートホールを出ていく。どこへ行くかわからないが、外の世界へ。ヨーロッパ映画によくある放り投げ型の終幕。

第14章

死

53 現代左翼思想の葬送
『アレクサンダー大王』

僕がこれまでに見た映画のベストワンは、テオ・アンゲロプロスの『旅芸人の記録』（一九七五年）、第二次大戦前夜から一九五二年の右翼独裁政権の開始までの十三年間のギリシャ現代史を、各地を巡業する旅芸人一座の低い目線で凝視した作品である。ギリシャが軍事独裁政権下にあった時期（一九六七―七四年）に、検閲をかいくぐりながら撮った三時間五十二分の超大作。

その後、アンゲロプロスは一時ちょっと落ちたかな、でも『ユリシーズの瞳』（一九九五年）と『永遠と一日』（一九九八年）は圧巻だったと、僕はそんな風にアンゲロプロスの映画を評価していた。だが、その停滞期と思われたころに作った『アレクサンダー大王』（一九八〇年、ギリシャ・イタリア・西ドイツ合作映画）を見直してみると――ヘヘエ、落ちてない。ご無礼。僕がわからなかっただけでした。

何年か前に『アレクサンダー大王』を一緒に見た大学の同僚は、「アンゲロプロスの映像の力はすごい、これだけわからない映画なのに見せてしまう」と名言を吐いた。また、年間四百本以上映画を見ると語っていた故筑紫哲也は、「アンゲロプロスの映画を観終わると、しばらくは他の映画が全然観られなくなる。他の映画が全部ちゃちな作り物みたいに見えてしまうんです」と記していた（筑紫哲也『若き友人たちへ』集英社新書）。まことに同感である。

アテネの王宮のステキなファサード、十二時の鐘が鳴ると、窓々に一斉に明かりがつき、中ではイギリス人たちがワルツを踊りはじめたらしい。一八九九年十二月三十一日の深夜、新年を、そして二十世紀の幕開きを祝う。一方、明け方、小さな島の刑務所から囚人たちが脱獄する。森の中に白馬が一頭。ひとりの男が近づき、兜《かぶと》をかぶり、その白馬に乗って走り去る。彼の部下たちが銃を取って、後を追う。神話的な、不思議な情景である。

夜を明かした宮殿のイギリス人たちが、ポセイドン神殿のあるスニオン岬へ繰り出す。と、その丘に、朝日を背にして、白馬に跨《また》がったアレクサンダー大王が登ってくる。ギリシャの民族音楽を基調としたBGM。撮影はアンゲロプロスの代名詞ともなっている「ワンシーン＝ワンカット」の長回しである。三時間二十八分の長尺の作品、だがこのゆったりとした、悠久の時を思わせるテンポの映画は、その二倍くらいの長さにも感じられる。豊かで贅沢な時間が堪能できる大作。もっとも、初めて見ると、ほとんどの人は気持ちよく寝てしまうだろうが。

古代の英雄の名を冠した、そして長きにわたったオスマン・トルコ支配の時代に山に立てこもり、民衆に施《ほどこ》しを与えたとされる伝説上の義賊が、二十世紀とともにまたギリシャに姿を現したという寓意劇である。監獄から逃れ、叛徒たちを従えた首領アレクサンダー大王は、当時トルコに代わって暗躍していたイギリス人たちを誘拐し、ギリシャの国王・政府、イギリス大使に対して、土地を大地主から農民たちに解放し、さらに獄中の仲間たちを釈放するよう要求する。

アレクサンダーたちは山間にある生まれ故郷の村に帰り、村人たちの歓迎を受けるが、そこは先生と呼ばれる人物が指導する「共産村《コミューン》」となっていた。また、一行は村への途上で、イタリア人の無政府主義者《アナーキスト》たちと合流していた。共産主義者《コミュニスト》の赤旗に対して、彼らは黒旗を掲げる。スクリーンの中でも赤と黒が、十九世紀以来の左翼思想を鮮やかに表象している。

アレクサンダーが自宅に行くと、黒衣の女が彼を出迎える。「お帰りなさい、お父さん」。娘か。家の中には胸に血の染みた花嫁衣裳が掛けてある。夜、アレクサンダーが、おっ、娘を抱いて床に倒れこむ。近親相姦の臭い、ギリシャ悲劇にも似て。だが、父は思い直して、隣室に入っていく。

黒衣の娘は宴席へ行き、無言で踊る。心中、何を思うや。みごとに張りつめたシーンである。演じるは名優エヴァ・コタマニドゥ、『旅芸人の記録』でエレクトラに扮していた女優である。次に先生とイタリア人の女が踊る。コミュニストとアナーキストの陽気なダンス。そこへ叛徒たちが入ってきて、音楽がピタリと止む。「先生、村は変わったね、せっかく戻ったのに、俺たちの所有物がなくなっている。」すべてを共有するコミューンへの不満。

やがてアレクサンダーをめぐる家族関係がわかってくる。彼は自分の育ての親と結婚しようとした。だが、その結婚式の日に花嫁は撃ち殺される。そして彼女と前夫との間の子が黒衣の娘で……

アレクサンダーは長い髭をたくわえ、兜をなかなか脱がない。映画中盤に至ってやっと兜を脱いでも、カメラはアップにならず、彼の表情は窺《うかが》い知れない。叙事詩に心理は不要とばかりに。それでも監督は、大王役のオメロ・アントヌッティをずいぶん精神的に追い込んだらしい。村の場面は、北ギリシャの寒村で、二百人以上の撮影隊が五カ月ロケをした。零下二十度の厳寒の中で、アントヌッティは二十キロの衣裳をずっと引きずっていたという（劇場公開時パンフレット）。その緊張感！

大王はてんかん持ちである。時々発作を起こすと、周りの人々は後ろを向くよう命じられる。彼は天下無敵の英雄ではない。政府軍に包囲された村の中で、しだいにアレクサンダーと村人たちの関係がギクシャクしてくる。そう、二十世紀の共産主義社会を思い浮かべれば、指導者の英雄化、独裁、そして民衆との遊離が進んで、マルクス以来の理想が崩壊していく歴史をどれほど見せつけられたか。

疲れ果てたアレクサンダーが村の広場《アゴラ》――古代からの、人々の議論の場、民主主義の象徴――にへたり込む。カメラは長回しで三百六十度パンし、大勢の村人たちが四方八方から集まってくる様子を捉える。彼らは倒れこんだ英雄を中心に揉《も》み合い、その輪が解けると、大王はいなくなっている。

アンゲロプロスは説明を極力回避し、ギリシャの酷寒の情景を銀幕に映しつづける。その映像詩の中に、二十世紀の左翼インテリゲンツィアたちの失われた理想を落とし込む。

ラストはロバに乗った手負いの少年――その名もアレクサンダー――が、現代のアテネとおぼしき都会に下りてゆく。これからもアレクサンダーは現れるよ、と。だが、それがどんな姿をして登場するかは暗示さえされない。典型的な〝開かれた結末〟の作品といえよう。

54
道行き
『心中天網島』

篠田正浩の『心中天網島』は、『薔薇の葬列』と同じくATG制作の、そして、おゝ、同じ一九六九年の映画ではないか。メジャーの映画会社が作る劇映画が四千〜五千万円くらいだった時代に、ATGは一千万円の低予算で芸術映画の制作を試みて、すでに斜陽となっていた映画産業を質的な面で支えた。『心中天網島』はキネマ旬報日本映画部門で堂々の第一位に輝いた。

近松門左衛門の世話浄瑠璃の映画化作品である。冒頭は人形を準備している舞台裏をあれこれ見せながら、クレジットタイトル。今日の映画は人形浄瑠璃の世界だよ〜、と。

太鼓橋を紙屋治兵衛が行く場面から、俳優が人物を演じはじめる。南無妙法蓮華経と記した白装束の一団とすれ違う。橋の下に男女の心中死体が横たわっている。道行《みちゆ》きものである。死の香りが芬々《ふんぷん》と漂い、終幕を暗示する。無惨な遺体を、黒子たちが眺めているのが、ちょっと笑える。

大坂天満御前町《おまえまち》の商人、治兵衛が遊女、小春のもとへ通う。曾根崎新地の様子をストップモーションでシュールに見せる。胸を丸出しにした裸の女に、背中いっぱい彫り物を入れた男がすがっていたり。ロウソクを持った黒子と、彼に先導された治兵衛だけが歩を進める。背景は浮世絵の大きなコピー、低予算がための苦肉の策だったというが、イラストレーター粟津潔の美術が古典芸能にモダンアートの趣を加えて、とても新鮮。白黒の画面が美しい。

近松を題材にして、しかし既存の芸術に安住しない一九六〇年代の実験精神がまぶしい。


で、遊廓は疑似恋愛の世界である。本気になってはいけない。なのにお客と女郎が馴染み過ぎてしまった。でも、治兵衛には身請けする金がない。治兵衛が小春の指を嚙む。小春が死を口にする。男は女の足を、さらに性器を舐《な》める。あれっ、男女の役割が逆じゃないか!?　いや、遊び人の男にとって商売女をイカせるのが、究極の喜びなんだとか。なるほど。

その金のない伊達男に扮するは二代目中村吉右衛門、今や人間国宝だが、この映画出演時は二十五歳。いよ、播磨屋《はりまや》！　やっぱり歌舞伎役者は若いころからうまい、男の色気もたっぷり、文句ありませ〜ん。だが、その吉右衛門に負けていないのが、小春を演じた岩下志麻である。この時二十八歳、篠田正浩の嫁さんだ。

一流の俳優はいいなあ。六〇年代のシロウト役者を重用した、『薔薇の葬列』のような映画が一気に吹っ飛んでしまう。

俳優をもうひとり。小春にぞっこんで、小判の音をさせながら、彼女をいつでも引き取るとしつこく付きまとう太兵衛を、小松方正が演じている。こいつに身請けされるくらいだったら死ぬわと思わせてくれる嫌〜な男。僕が子供のころ、テレビにもよく脇役で出てきて、いけ好かないおっさんだと思っていた。でも大人になると、こういう味のある敵役《かたきやく》を見ている方が心楽しくなってくるんだよねえ。

治兵衛には妻おさんと、子供も二人いる。おさん役は、えっ、岩下志麻ではないか。小春と一人二役だ。お女郎は白塗りの顔に濃いアイライン、一方店を懸命に切り盛りする女房は、目の印象薄く、お歯黒で、肌もきれいでなく、目立たぬ女。実に対照的。

　おさんの母が、娘の亭主の悪い噂を聞いて、治兵衛の兄と一緒に乗り込んでくる。二人に説教されて、その場は神妙に改心したかに見えた治兵衛。夜、おさんは二年ぶりに夫に抱いてもらおうと思い……ところが、こたつに潜り込んだ甲斐性なしの亭主は、布団をめくると、ヘッヘッヘッ、さめざめと泣いている。切ない場面だ。

　実は治兵衛は、小春が自分を裏切ったと思い込んでいた。だが、亭主の話を聞いたおさんは顔色を変える。私が小春に、夫の命を助けてくれと手紙を送った、それで小春はあなたと別れると言いだしたのだ。どうしよう、小春はこのままでは死んでしまう、それでは女同士の義理が立たない。おさんは店の金八十両を出し、さらに箪笥《たんす》の着物で七十両は借りられる、あなた、これで小春さんを請け出して……

　妻が夫のために遊女を身請けする算段をする！　ここに至って地味なおさんに色気さえ漂ってくるのは、彼女の女心ゆえか、岩下志麻の演技力がためか。

　どうやら同じ女優が二役を演じたのは、ただの遊びではなく、意味があったようだ。男を思う女の気持ち二様、そして二人が互いに抱く義理の固さ。表裏一体ってわけだ。

　となると、ちょいと邪魔にも思えるのが、絶えずチョロチョロと動き回っている黒子たちである。人形浄瑠璃なら、人形を操る、見えても気にならない存在。けれどもこの映画では、あえて目立つ動きをさせている。そう、ブレヒト流の異化効果。観客が冷めた目で心中事件を見つめるように工夫した。

また武満徹の音楽は、バリ島の民族楽器やトルコの笛や太鼓を使用している。純日本風にせず、第三世界的。ここにも一九六〇年代の息吹きがあふれている。

で、おさんは実家に連れ戻され、行き場を失った治兵衛は小春と死出の旅へ。その前にもう一度と、なんと墓場で濃厚に抱き合う。小春の着物のすそがはだけ、足が見える。岩下志麻の息遣い、あえぎ声。が、いいところは墓石で見えなかったり。黒子が覗《のぞ》いているのも、ちょっと目障り。途中からは声を消し、三味線のゆったりとした音色だけ、だが小春の恍惚とした表情だけの方がエロい、そそられる。〝ザ・濡れ場〟！

でも、これを見た中国人の留学生は、「日本人って、お墓でセックスするんですか？」――しない、しない、けれども映画や舞台のラブシーンは、あり得ない設定で、不自然な格好でやらせた方が芸術的には美しく見えるんだ。

治兵衛が脇差で小春を刺し殺し、自らは鳥居に小春の帯を掛けて、首を吊る。それをまた黒子がオチャメに手伝っている。

男に体は許しても心がつながってはいけない女郎が、心底好きになった男と、身も心もとろけそうなセックスをして、旅立ってゆく。近松の世界である。それをお醤油味に欧風のバター風味を添え、アジアの香辛料もまぶして料理した。浄瑠璃のファンにも歌舞伎のファンにも躊躇《ちゅうちょ》なくお勧めできる実験劇の快作である。

55 粛清を描く手さばき

『太陽に灼かれて』

教会の塔に赤い星、赤旗も当たり前の風景のモスクワ。白いスーツで格好よく決めたドミトリがアパートに帰ってくる。老召使は、えっ、フランス語を話してる。電話のベルが鳴る。ドミトリは拳銃に弾を一発だけこめ、こめかみに銃口をあてる。ロシアンルーレットだ。引き金を引くが、弾は出なかった。死の臭いを醸《かも》したところで、クレジット。

ニキータ・ミハルコフの『太陽に灼かれて』（一九九四年、ロシア・フランス合作映画）は、一九三六年、スターリンの粛清の嵐が吹き荒れた時代を描く。クレジットのバックは、雪景色の白樺林の中でもの憂いタンゴが演奏され、軍服姿のコトフと彼の妻が踊っている。曲は一九四〇―五〇年代に大ヒットした「疲れた太陽」、この映画のモチーフとなっている。

場面は変わって、陽光の季節、戦車の一団が小麦畑にやってくる。演習らしい。農民たちが、畑を荒らすなと怒っている。サウナ小屋で家族と休日を楽しんでいたコトフ同志が呼び出される。馬に乗って小麦畑に駆けつける。背景には勇ましい音楽。コトフ大佐が戦車隊の指揮官を一喝、部隊はすごすごと去っていく。ロシア革命以来の英雄コトフ、そして彼の若妻マルーシャと娘ナージャの幸福そうな姿をコミカルに見せる。

コトフを演じるのは監督のニキータ・ミハルコフである。また、映画の舞台は美しい林に囲まれた、特権階級の文化人たちにだけ与えられたモスクワ郊外の別荘地。その〝芸術村〟にある一軒家に、コトフと妻子、それにマルーシャの伯父、ナージャの曽祖母、メイド、不細工な中年男キリクなど、大人数が集まっている。ミハルコフは教養人一族の出身、父は詩人で旧ソ連国歌の作詞者でもあった。監督は自分のよく知っている世界を舞台に設定した。

また、大勢の登場人物が田舎屋敷でワイワイガヤガヤとしゃべりまくるのは、そう、チェーホフの世界だ。ミハルコフもチェーホフが大好き。彼の『機械じかけのピアノのための未完成の戯曲』（一九七七年）は、僕をチェーホフに目覚めさせてくれた作品のひとつである。

と、映画が始まって三十分弱、スターリンの写真を掲げて林の中を行進する共産党の少年団、その最後方にいたサングラスに杖、白髭を生やした怪しげな男が、隊列から離れてコトフの家に乱入してくる。おまえは誰だ？　彼がピアノを弾きはじめる。すると、マルーシャは男が誰だか気づいたよう。闖入者《ちんにゅうしゃ》が変装を解くと、ドミトリ、愛称ミーチャ。マルーシャは嬉しそう、コトフは微妙な表情をする。

ほどなくマルーシャの手首がアップで映る。深い切り傷がある。彼女が我知らずにコップを指で鳴らす。緊張している。一同、なんとなく落ち着かない雰囲気になる。

皆で川辺へピクニックに行く。コトフの足元に割れてとがった瓶がある。コトフが靴を脱ぐ。さらにナージャが裸足でパパに近寄っていく。危ない。ドミトリが瓶を取り上げる。ホッ。手首の傷といい、ガラスの破片といい、小さなことで上手にサスペンスを作る。チェーホフ劇のように。

父と娘がボートに乗る。コトフが語る、私の足は石みたいだが、おまえの足はかわいらしい、これからの道は平坦になる、皆が柔らかい足でいられる国を作る、このソビエトの国を愛するんだよ。父子が頬をつけているアップ。ナージャに扮している子役は、ミハルコフの六歳になる実娘である。自分の子を使うと、作品はたいていボロボロになるのだが……

川辺で毒ガス戦の訓練が始まるというのが、時代を感じさせる。マルーシャとドミトリも参加し、ガスマスクをして担架で運ばれる。コトフとナージャがボート遊びから帰ってくると、二人がいない。家に帰ると、濡れた服が干してある。なにっ、コトフが急ぎ家の中に入る。寝室か？　いや、二人はガスマスクをつけたまま、ピアノを連弾している。

少しずつ少しずつわかってくる。十年前、指揮者だったマルーシャの父は、貧乏学生だったドミトリを娘のピアノの家庭教師として雇った。やがて若い二人は結ばれ、しかしドミトリは誰か偉い人に呼び出され、志願書に署名させられ、マルーシャの前から姿を消した。彼女は自殺を図り、その後コトフと結婚した。

変装して現れ、不気味なガスマスク姿でピアノを演奏するドミトリは何者？　観客の想像をかき立てる、絶妙なメタファーだ、チェーホフ劇にも似て。彼は本性を隠して十年間生きてきた。おっと、話はさらに込み入っている。この別荘の中で、メイドまでフランス語が話せるのに、コトフだけはしゃべれないという。そう、ロシア革命まで、かの国の上流階級はフランス語で生活していたのをご存じか。英雄でスターリンとも懇意のコトフだが、しかし彼だけ一家の中で育ちが違う。そして、ドミトリを去らせた偉い人とはどうやら……

謎の男ドミトリは、次々とその表情を変える。扮するはオレグ・メンシコフ、僕の大好きな舞台俳優だ。ドミトリはスターリンの秘密諜報員になっていた。昔懐かしき別荘に来たのは、コトフを逮捕するためだった。なぜ英雄のコトフが？　独裁者は若いころに苦楽を共にした、かつての等身大の自分を知っている同志をしばしば粛清する。

それにしても、どうしてドミトリが派遣されたのか。彼に個人的な思惑はなかったのか。それは最後まで判然としない。コトフも状況は察した。彼は娘に下手くそなタップダンスを見せ、家族と一緒にサッカーをやり、迎えの車にふだんと変わらぬ自然な調子で乗り込む。ナージャはまだパパが処刑されるのを知らない。彼女のあどけない笑顔が、監督の親ばか演出にもかかわらず、スターリンの粛清の残虐さを浮き彫りにする。

前半は、些細《ささい》な出来事の中に暗示表現を駆使するチェーホフ流、けれどもミハルコフは終幕に向かってそれをかなぐり捨て、自らの怒りをストレートに爆発させる。コトフは車中でボコボコに殴られて泣き出す。ドミトリがスターリン気球に苦々しい顔で敬礼する場面は、メンシコフがここだけ、わざとらしいほどの表情を作る。そして彼は、モスクワのアパートで……ラストの字幕には、コトフ銃殺、マルーシャは収容所で他界、さらにナージャも逮捕された、だが三人とも一九五六年、スターリン批判の年に名誉回復された、と。

ニキータ・ミハルコフは一九九一年のソ連崩壊の二年数カ月後、祖国の断腸の歴史を、優雅に繊細に、もの憂く官能的に、しかし深い悲しみと大きな憤りを込めて銀幕に映した。必見。

56 このくだらない人生を生きよう

『ダロウェイ夫人』

ゼミでヴァージニア・ウルフの『ダロウェイ夫人』（一九二五年）を課題にする時は、学生たちに「とにかく一晩で読んでこい。翻訳でいい。わかってもわからなくても一晩。三日かけたらダウンするから」と指示する。まあ、一晩と言っても三晩はかかるんだけど、とりあえず一気に読め、と。そして、「もしはまったら、英語の原文で一年間かけて辞書引きながら精読しな、そうすれば、中学校以来英語を苦労して勉強した元をとった気になれるよ」。

人間の意識の流れ《ストリーム・オブ・コンシャスネス》を描く、いわゆる「心理主義リアリズム」の小説である。人の心にその時その時思い浮かんだことを綴《つづ》るわけだから、ストーリー性に乏しい。物語の展開にグイグイと引っ張られ、作品の世界にのめり込む快感は味わえない。話があっちゃこっちゃ行って、わずらわしいことこのうえない。だが、ウルフのガラス細工のように脆《もろ》くも美しい文章、その密度の濃さ。十代のころから精神を患い、何度も自殺を図り、五十九歳で自ら命を絶った、常に死と隣り合わせの人生を送った女流作家のものした、今にも崩れてしまいそうな、しかし不思議な晴れやかさのある——でも、ヘッヘッヘッ、むろん学生時代の僕は敬遠していた、英国のハイソな文学。それを今、ゼミの学生たちに無理やり読ませる。間違いなくイジメだ。

『ダロウェイ夫人』は、一九二三年六月半ば、おそらくは十三日の水曜日、国会議員リチャード・ダロウェイの妻クラリッサが花を買いに行く朝から、夜、首相も訪れるホームパーティに至るまでのおよそ十四時間の間に、彼女の脳裏に去来した思いを掬《すく》いあげる。

夫人は五十一歳、病みあがりで心臓が弱っている。彼女が花屋までロンドンの街を歩きながら回想するのは、人生の絶頂期、十八歳のころのイングランド南西部ブアトンの別荘での生活である。小説の時と場所は、第一次大戦後のロンドンと、一八九〇年ごろの田舎町の彼女の実家を行き来する。

六月は、一年中雨の多い、低い雲におおわれたイギリスで、唯一野外に飛び出したくなるさわやかな季節。日本の梅雨時とは違う。〝六月の花嫁《ジューン・ブライド》〟が似合う屋外シーズンである。ダロウェイ夫人も気持ちよさそうに初夏のロンドンをそぞろ歩く。

花屋で今宵のパーティの花を選ぶダロウェイ夫人。と、外で大きな破裂音がする。自動車のタイヤがパンクしたのだ。その音に路上でひどく怯《おび》えている青年がひとり、セプティマスである。彼は第一次大戦に従軍し、砲弾《シェル》ショックと呼ばれる神経症を患っている。欧州を揺るがせた大戦と死の影がチラリ。上流の夫人と庶民階級《コモン・ピープル》の心を病んだ青年は、この場面ではすれ違うが、後に何らかの交流をもちそうな気配が……

帰宅したダロウェイ夫人は、また青春時代のブアトンを思い出す。親友のサリー・シートンとの関係、あれは恋愛だったのではないかしら——ウルフは同性愛者だ——、性にも社会改革にも無知だった私は、美人で早熟なサリーに感化された、ある時サリーは入浴用のスポンジを取りに全裸で廊下を走った、十九世紀末の話だ、彼女が私に唇を合わせてきた時は、全世界がひっくり返ったかと思った。

その時、敵意と嫉妬心を抱いて割り込んできたのが、ピーター・ウォルシュだった。型破りでうぬぼれの強い社会主義者、初心《うぶ》なクラリッサを見下ろし、でも彼女に気があった。けれども、クラリッサが選んだのは、凡庸だが人柄のいいリチャードであった。あいつが政治家になるなんて。

失意のピーターは、オックスフォード大も退学になり、インドへ渡った。だが、そこでもあまり成功した人生は送らなかったようで……そして今日、彼がふらりとダロウェイ夫人を訪ねてきた。変わってない。彼女は斜にかまえた旧友を今宵のパーティに誘う。

サリーとピーターはヴィクトリア朝の保守的で厳格な道徳律の批判者である。二人には作者の心情の照り返しがある。だが、ウルフはこの男女を主人公とせず、彼らから一段格下に見られているブルジョワで俗物《スノッブ》のクラリッサを中心に据えた。そこが面白い。でも、ダロウェイ夫人は無神論者だとも。娘エリザベスの家庭教師で敬虔なクエーカー教徒のミス・キルマン、彼女の狂信を嫌う。この小説、実に複眼的に大英帝国が斜陽になった、〝西洋の没落〟が始まった時代の思想信条を捉えて、相互に問答させている。

セプティマスは高名な精神科医の診察を受ける。入院を強要され、束縛を拒否して、窓から下の鉄柵めがけて身を投げる。ほほう、ダロウェイ夫人とは知り合うことなしに死ぬんだ。この脇筋、ウルフの筆致が主筋と異なる。精神科医への皮肉が痛烈で、息苦しい雰囲気が漂う。躁鬱病を患い、押しつけがましい治療を嫌悪し、自由で晴れやかな生き方を求めたウルフ。セプティマスもまた、作者の分身のひとりである。

　ダロウェイ夫人は、自分の開くパーティにいったい何の意味があるんだろうと考える。それは人々を集めて結び合わせる〝捧げもの〟なのかもしれない。クライマックスはそのホームパーティである。次々と招待客が現れる。ピーターが来た。首相も到着。レディ・ロセター、誰かしら？まあ、サリー・シートンじゃないの。もう昔の魅力はない、マンチェスターの工場経営者と結婚したって、あんなに社会の変革を訴えていたのに。でも聞けば、夫は炭坑夫の息子で、一代で財をなした。なるほど、彼女なりの階級を越えた愛だったのだ。

　客に精神科の医者がいる。今日自殺した青年の話をしている。私のパーティに死が入り込んでくる。が、ダロウェイ夫人は窓辺にたたずみ、その若者の純粋さに心を惹《ひ》かれる。と、ははあ、セプティマスと彼女は、出会いはしなかったけれど、こういう形で心の交流を果たしたわけだ。

ヴァージニア・ウルフは当初、主人公を途中で死なせるつもりだったと語っている（モダン・ライブラリー版『ダロウェイ夫人』自序）。だが、書き進めているうちに気が変わった。夫人は窓から離れ、ブルジョワの、くだらないパーティの輪に戻っていく。

　サリーがピーターに話している。ほんとうはクラリッサはあなたが好きだったのよ。しかし、彼女は無難な男の方を選んだ。サリーが腰を上げ、ピーターがフッと恍惚感を覚えると、すぐ横にクラリッサが立っていた――と、ストップモーションで筆が置かれる。ウルフはダロウェイ夫人の命を奪わず、もう少し彼女に人生の黄昏時を楽しませることにした。

第15章 芸術家の心のうち

57 師匠を書く
『ある映画監督』

僕も経験があるが、師匠のことは書きづらいものである。けなすわけにいかない。かといって、身びいきとも思われたくない。世話になった恩はあるが、裏側も知っている。さて、どんな風に書くか。

その点、新藤兼人の『ある映画監督――溝口健二と日本映画――』（岩波新書、一九七六年）は、彼の敬愛する師匠、溝口健二（一八九八―一九五六年）を綴《つづ》ってお見事な小伝である。新藤は生前の溝口を知る三十九人の俳優やスタッフにインタビューしてまわり、『ある映画監督の生涯――溝口健二の記録』（一九七五年）を撮った。そのキネマ旬報日本映画部門でベストワンの評価を得たドキュメンタリー映画の内容を基に新書版にまとめたのが同書である。いったい優れたシナリオライターが評伝やエッセイなどの一般書も書けるとはかぎらないのだが、新藤の筆は実に多彩である。

溝口が生涯に監督した映画は八十五本――多作だ、黒澤明が三十本、小津安二郎が五十四本――、そのうちの八十三作目にあたる『楊貴妃』（一九五五年）をめぐるエピソードから、新藤は筆を起こす。撮影初日に入江たか子が役を下ろされてしまった。入江は、溝口の代表作のひとつで「無声映画《サイレント》時代の最後を飾る傑作」と称される『滝の白糸』（一九三三年）にも主演した往年の大女優、その彼女の演技を溝口は衆人環視の場で、化け猫映画のような芝居だと罵倒した。溝口は興奮すると、右肩がつりあがり、顔が真っ赤になる。かっとなると、容赦がない。

だが、実は中国の貴族の話なんて溝口にとっては苦手中の苦手の題材、自分が手応えを得られない不満を女優にぶつけた。さらに、急きょ代役に決まったのが杉村春子、なんのことはない最初から杉村春子でやりたかったらしいのだ。新藤は、これが溝口流、そして撮影所はそんな非常識が許される、腕がまかり通る世界なのだと語る。

新藤は溝口の下でシナリオを勉強したいと思い、東京から京都に移って、ひとまず彼の美術スタッフとなった。彼は仕事の合間にシナリオを書き、師匠に見せた。すると、「これはシナリオではありません、これはストーリーです」と、ぽいと返された。溝口には新人に対する労《いた》わりはなく、新人を育てようという気もさらさらない。また、溝口のシナリオライターとして名匠を二十余年間支えた依田義賢《よだよしかた》も最初のころは、書き直しにつぐ書き直し、ニコリともせずに罵倒し、奮起させ、あますところなくしぼりとるやり方で鍛えられた。十稿ぐらいはざらで、そのあげく、第二稿の線がいちばんいいんじゃないかと言われたり。そして、シナリオができても、リハーサルをしながらまた変えていく。

たしかに昔の師匠は教えなかったし、誉めなかった。自分で考えて、這《は》い上がってこい、と。新藤は戦時中、情報局募集の脚本に当選した時、溝口健二に生涯を通じて一度だけ祇園の店でおごってもらったと、短くさらりと記している。嬉しかっただろうなあ。

溝口は俳優に対しても具体的な指示はしない。すべて理屈ぜめ。どう動いたらいいか教えてくれなどと言おうものなら、あなた役者でしょうと、にべもない。あれで演出か、あんなことなら誰にでもできる。しかし、あがってきたラッシュフィルムを見ると、「そこにいるのは俳優ではなく、ほんものの女であり、男であった」。人間がスクリーンに生きて呼吸している。なるほど、それを見せられると、役者は自分で試行錯誤せざるを得なくなる。

俳優を追い込み、人間の臭いをさせ、それをフィルムににじみ込ませる。だから、短いカットを組み合わせる映画の武器を好まず、俳優をじっと見つめながら、ワンカットでワンシーンを撮る。

溝口は酒と女が大好きだった。しかも質《たち》が悪い。飲むと酒乱、若いころから遊廓と私娼窟に通い、同棲していた一条百合子なる売笑婦あがりの女にカミソリで斬りつけられる。背中にその時の大きな傷跡があり、しかし「これでなきゃ女は描けませんよ」とポーズをとった。その後、大阪でダンサーをしていた嵯峨千恵子と結婚するが、彼女はやがて精神を病み、溝口は自分の性病が移っためだと思い込んでうろたえた。

貧乏のどん底に育ち、姉は養女に出され、芸者となり、子爵のお妾《めかけ》さんになった。溝口は父親と反《そ》りが合わず、姉の家に入り浸って、ずいぶん世話になった。

そんな溝口の「成功した作品は、下層社会の女をあつかった場合のみ」だと、新藤は断じる。「ぎりぎりの生活を背負った女たち。けんめいに、本能的に、ひたすら生きる女たち。それはまた、男に尽す女でもある。」彼女たちの「かくされた燃えるような情感」、「あやしいばかりの女の匂い」。

出来不出来の激しい監督である。会社がやれというものは、何でも撮った。時代劇、現代もの、新派悲劇、探偵ものやプロレタリア映画、怪奇劇、国策映画、にわか仕立ての民主主義映画、知識階級を扱った文芸映画……だが、リアリストの溝口は自分に嘘がつけない、自分の熟知している社会や人間しか描けない。

ふだんは内気でおとなしい溝口は、しかし撮影所では仕事の鬼だった。朝一番にスタジオに来て、真っ暗な中に座っていた。気分がそがれるのを嫌がって外に出ず、尿瓶《しびん》で用を足したという逸話も残る。

リアリスト溝口！　二代目中村鴈治郎《がんじろう》――僕の好きな歌舞伎役者――には、リアルに芝居しろ、し過ぎてはいかんと言い、鴈治郎が精いっぱい自然に演じてもOKが出ず、「まだ目の玉が芝居してる」と突っ込まれたとか。俳優を徹底的にしごき、しかし『雨月物語』（一九五三年）の森雅之の演技には心から平伏して、OKを出した後、森にたったったと歩み寄り、彼のタバコに火をつけたという。新藤曰く、「この作品を評価して、溝口健二は円熟してきたというものもいたが、私は、多少気力が衰えてちょうどよくなったように思えた」と。御意。

現場で溝口と森のやりとりをうらやましく見ていたのが田中絹代である。彼女も溝口のしごきに耐え抜いた大女優にして、溝口が心底ほれ込んだ女性である。だが、はにかみ屋の溝口はついに告白できず、田中も監督の真情を知ったうえで、あんなおっかない先生の妻にはなれないと、新聞社のインタビューに答えている。そのあたりの顚末《てんまつ》については、おっかない師匠を丸裸にした新藤兼人の渾身《こんしん》の小伝をぜひ読まれたし。

58
美しい音楽を生む心
『恋人たちの曲／悲愴』

芸術家には——研究者にも——ほんとうにどうしようもない、矛盾だらけの生涯を送った、けれども超一流の作品を世に残した人物がたくさんいる。新藤兼人の新書中にあった「溝口さんというひとは、一生まとまらなかったひとです」（俳優中野英治）という指摘には、苦笑しながら、思わずうなずいてしまった。

で、日本の伝記ものは、健全な、正しい心を育む、したがって子供しか読まない「偉人伝」が多い。二宮尊徳、野口英世、シュヴァイツァー……説教臭い、道徳の香りが漂う、大人には食指が動かないジャンルである。対してイギリスには、新藤の溝口伝が吹っ飛んでしまいそうな、大人向けの評伝がザクザクある。すなわち、高名な人物が実はとっても変な奴でした〜、と偶像破壊する類いの読みものが、かの国の「伝記文学」の保守本流をなす。

変人をこよなく愛する英国は、書物だけでなく、芝居も映画も毒のある伝記ものを得意とする。そこで、うさん臭さとあくの強さではその名を轟かせたケン・ラッセル監督の『恋人たちの曲／悲愴』（一九七〇年、イギリス映画）を紹介したい。題材は、チャイコフスキーである。

開幕は、モスクワのクリスマスの風景から。皆、雪遊びや野外ショーで大はしゃぎ。チャイコフスキー（リチャード・チェンバレン）も酔っ払って、いざ新しい恋人、シロフスキー伯爵のベッドへ。もちろん同性愛をおおっぴらにできなかった時代である。音楽院の教授なんだから気をつけなくちゃと、弟にたしなめられる。

演奏会。チャイコフスキーが自らピアノを弾き、新作を発表する。ピアノ協奏曲第一番。彼は姉サーシャと見つめ合う。銀幕に、二人が白樺の林を歩き、舟遊びをする光景が映る。親密だ。近親相姦的とも思えるほどに。と、この映像にチャイコフスキーファンならずともよく知る協奏曲がかぶさると、なるほどなかなか激しい曲に思えてくる。

シロフスキー邸に住みはじめたチャイコフスキーは、恋人の開く宴会が騒々しくて作曲に集中できない。すると、風呂から女の歌声が聞こえてくる。母親の声と間違えて、裸の女を湯船から出そうとして、ひと騒ぎ。母親はかつてコレラにかかり、風呂場で当時の治療法だった熱湯づけにされて死んだ。彼はマザコンでもあったらしい。

演奏会でチャイコフスキーの新曲に聞きほれたフォン・メック夫人は、彼に資金援助を申し出る。ただし、直接は会わない、文通だけで十分だ、と。さらにもうひとり、演奏会でチャイコフスキーに心を奪われた女性にニーナがいた。彼女は熱烈なラブレターをチャイコフスキーに送る。もっとも、彼一途ではなさそう。軍人と情事におよぶ場面では、口から血を出し、両手を縛られ、大股を広げている。怪しげな女。

この映画、チャイコフスキーも、彼をめぐる男女も、みんな多情多感。そして、彼ら彼女らの夢、いや悪夢、妄想をチャイコフスキーの音楽とシンクロさせる。まぎれもないB級映画。大作曲家の美しい音楽を愛する人たちの気持ちを逆なでする。こんなものを大まじめに作り、それをまた喜んで見る観客がいる。イギリス人の心性《マンタリテ》は、日本人のそれとはちょっと違う！

チャイコフスキーはニーナとの結婚を決意する。シロフスキーは、自分の本性はわかっているんだろ、女は精神的な関係だけでは満足しないよ、と捨てゼリフで出ていく。姉は泣き、フォン・メック夫人も嘆く。

新婚の二人はペテルブルクへハネムーンに行く。だが、チャイコフスキーはベッドに入っても、「しばらく待ってくれ」。まっとうになる気はあっても、女とは関係を持てない。野外バレエを見る。おっ、「白鳥の湖」だ。シロフスキーがさりげなくニーナに近づいてきて、あれは嘘つきの女が王子を破滅させる物語だ、と。

モスクワへ帰る夜汽車の中、二人は大酒を飲んでベロベロ、汽車は大揺れし、カメラも激しく揺れる。ニーナは服を脱いでスッポンポンになり、夫にむしゃぶりつく。バックにはチャイコフスキーの曲がけたたましく鳴り響く。おゝ、ケン・ラッセル！

ニーナに扮するは、名優グレンダ・ジャクソンである。だけど、あなたは演技力があるんだから、こんなにえげつない場面で全裸になる必要はないじゃないかと、彼女の大ファンの僕は目をそらしたくなる。しかし、彼女はケン・ラッセルと相性がよく、D・H・ロレンス原作の『恋する女たち』（一九六九年）ではアカデミー主演女優賞を獲得している。そうね、ラッセルとロレンスも相性はピッタンコ。どちらも品が悪く、中庸を知らない。

チャイコフスキーは悲惨な夫婦関係に絶望して川に入るが、浅くて死ねない。笑える。さらにニーナの首を絞める。もうどこのシーンも、現実なのか幻想なのかはっきりしない。医者の指示で二人は別居し、チャイコフスキーはフォン・メック夫人の別荘で暮らす。

ニーナは夫を嫉妬させようと、次々に男を連れ込む。フォン・メック夫人はシロフスキーからチャイコフスキーの性的嗜好を聞かされて、彼と絶縁する。姉も去る。ニーナ発狂。脳病院で、髪を短く刈られた彼女が狂人たちに体をまさぐられる。そういえば、グレンダ・ジャクソンはピーター・ブルックの『マラー／サド』（舞台初演一九六四年、映画一九六六年）にも出演していた。あれも精神病院を舞台にした、いかにも過激な六〇年代を象徴する作品だった。時代精神《ツァイトガイスト》というべきか。

ニーナの哀れな姿とチャイコフスキーが新しい交響曲を作曲する様子が交互に映される。新曲のタイトルをどうしよう。弟が、「交響曲第六番ロ短調「悲愴」」はどうだ？　いいな、悲劇より悲愴の方がしっくりくる。僕の人生そのもの、僕の鎮魂歌《レクイエム》。

コレラが流行《はや》っている。チャイコフスキーは周囲が止めるのも聞かず、生水を飲み、発病し、母と同様熱湯につけられて他界する。

なるほど美しい音楽は、人格者の正しい心から生まれるものではない。とくに人の魂を揺さぶるほどの名曲には、猛毒を含んだ激しいエネルギーが必要である。それはしばしば芸術家の屈折した、品性下劣な、後ろ向き《ネガティブ》の内面世界から湧き出してくるものなのかもしれない。

59 芸術と政治
『メフィスト』

映画監督、作曲家の次は役者である。ハンガリーのイシュトヴァーン・サボー監督による『メフィスト』（一九八一年、西ドイツ・ハンガリー合作映画）は、ナチスにすり寄ってのし上がっていく演劇人ヘンドリック・ヘフゲンの姿を追いながら、芸術と政治の関係を問いかける。原作はトーマス・マンの息子クラウス・マンの同名小説、ヘフゲンのモデルは実在の俳優兼演出家グスタフ・グリュントゲンスである。

物語は一九二〇年代のハンブルクに始まる。舞台で拍手喝采を浴びる女優に、ヘフゲンは楽屋でひとり、嫉妬心に身もだえしている。野心満々で自己顕示欲が強く、笑顔はいかにも作り笑い。むろん劣等感の裏返しの心情だ。開幕から、主人公が嫌な男なのを印象づける。扮するはクラウス・マリア・ブランダウアー、オーストリアの名優である。

ヘフゲンは愛人ジュリエッタからも、あんたは自分のことしか愛せない、他人には無関心で、何もかも演技のようだ、と。稽古場でその黒人ダンサーと、不自然なほどテンション高く、エキセントリックに抱き合う。作曲家だけではない、役者も多情多感な人種である。

彼は俳優仲間で共産主義者のオットーと、労働者の演劇をめざす。ワイマール体制の、ブレヒトの時代の左翼芝居である。だが、結婚相手に選んだのは裕福な自由主義者の娘バーバラ・ブルクナー（クリスティナ・ヤンダ）だった。ひざまずいて彼女を口説く。劇場型人間！

やがてベルリンからヘフゲンにお声がかかる。花の都、そして当時の演劇の都もまたベルリンだった。ハンブルクの田舎役者で終わりたくない彼にとっては、千載一遇のチャンス。首都の大劇場の支配人の前では神妙な顔で小さくなる。

さっそくロシア劇で熱演して、大受けする。また、小さな寄席でも歌う。キャバレー文化の中心地ベルリン。さらにプロレタリアの集会でも労働者たちを前に歌う。けれども、家庭ではブルジョワの暮らし。この男、何の役でもこなし、しかし自らの実生活とはつながっていない。役者って、そんなもんか!?

ヘフゲンはメフィストを演じる。ファウストを誘惑する場面、「人生は短く、芸術は長しだ、ひとつ詩人と組んで空想の翼を広げ、いろいろな才能をあなたの頭の上に積み上げましょう」と。この映画のモチーフを、『ファウスト』の有名なセリフに託して語る。

しかし、しだいに国粋主義的なナチスの靴音が高くなってくる。ハンブルク時代の劇団仲間ミクラスは、端役ばかりで貧乏を強いられ、心の支えを求めてナチスに入党した。ヒトラーが選挙に勝利し、首相となる。だが、共産主義に近い芝居で人気を博しながら、政治音痴で楽天的なヘフゲンは、静観の姿勢を崩さない。

彼に映画出演の話が舞い込み、ブダペストへ行く。実は妻バーバラはすでに亡命、彼もハンガリー経由で逃がそうとする計画があったのだが、ヘフゲンはナチスの将軍（ロルフ・ホッペ）の「反ナチの古傷は問わない」という意向を聞いて、ベルリンに舞い戻る。

ベルリンでは、ふたたびメフィストをやりたいと頼むと、かつての左翼的な解釈ではなく、新しい演出でやれ、と言われる。ヘフゲンは白塗りの顔、頭にもツルツルの白いカツラをかぶり、眉《まゆ》だけスッと細く描いて、悪魔そのもの。舞台を見た将軍に呼ばれ、悪の仮面だな、神聖な悪か、と。そう、ナチスは、鉄のごとく強き祖国を奨励した。メフィストこそがドイツ的、我らが国民の英雄だと、将軍はご満悦。この将軍、モデルは空軍将校あがりでプロイセン州の首相になったヘルマン・ゲーリングである。将軍にヘフゲンは、握手が弱々しいと言われ、ハンガーを相手に手を強く握る練習をする短いカットが笑える。

ヘフゲンは将軍からプロイセン国（州）立劇場の総監督に任命される。もっとも、将軍の要求も厳しくなる。ヘフゲンとナチス、どちらがメフィストで、どちらが悪魔に誘われるファウストかわからなくなる。将軍は彼に、国外で反国家活動をしている妻とは離婚しろ、黒人の愛人も種族の恥だ、別れろ、と。全部調べられている。

それでもヘフゲンは総監督の地位を得たことが嬉しくてたまらない。無邪気にはしゃいでいる。パリへ出張時、追放されていたジュリエッタに会う。だが、あなたの目は死んでいると言われてしまう。また、妻とも再会する。「あなた、ナチスに誓いをたてたんでしょ」、「誓いはしない、口を動かしただけだ」、「自由がなくてもいいの？」、「成功だけで十分だ、そうすれば愛される」。

彼はワイマール時代の超一流の役者や演出家が国外に去った後、彼らの後釜に座った。しかし、前世代のユダヤ人や共産党員の演劇人たちに伍する才能はなかった。言語もドイツ語しかできない。

たとえ亡命して自由の身になっても、芝居は続けられない。

脇役たちの生きざまもよく描けている。ミクラスはナチスを脱党し、人権無視に抗議する文書への署名をヘフゲンに求めるが、彼の密告によって射殺される。コミュニストのオットーはヘフゲンに呼ばれてベルリンにやって来るが、総監督の努力にもかかわらず、ナチスに葬られる。信念をもつ者ほど生きづらい時代であった。

ラストは夜、ヘフゲンが将軍にベルリン・オリンピック（一九三六年）の新スタジアムに連れていかれる。その広いフィールドでサーチライトを浴びせられてとまどうヘフゲンが、「奴らは俺に何を望んでいるんだ、俺はただの役者《シャウシュピーラー》にすぎないのに」とつぶやいて、幕が下りる。

自己顕示欲と成功願望の強いヘフゲンは、自らの信ずるところなきがゆえに、いくらでも「転向」できる。ペラペラとよくしゃべり、しゃべるほどに自分の本心もわからなくなっている。白塗りのメイクで己を隠したメフィストの顔と、素顔の時の小心者の姿が実に対照的。さらに妬《ねた》み深いヘフゲンは、第三帝国の美学が一九二〇年代のワイマール文化への嫉妬をバネにしていることと共鳴していると解せる（劇場公開時パンフレット、海野弘の記事参照）。

となれば、「オーストリア＝ハンガリー帝国」の昔から、ゲルマン民族に支配され、懐柔され、強国に迎合しながら生き延びてきたハンガリー人が、ドイツの国民文学たる『ファウスト』を援用して一矢を報いようとした映画とも受け取れる。また、反ナチスの作品とみせて、映画封切り時、共産主義政権下にあったハンガリーの芸術と政治、個人と国家の関係を二重写ししている……と、さまざまな暗示が読み取れる、反骨精神あふれる快作である。

60 才能なきて滅びず

『アキレスと亀』

芸術家でも世に一流の作品を残した者ならば、私生活ではこんな〝困ったさん〟でした〜、という物語も鑑賞に値するだろうが、それでは凡たる才能しか持たぬ画家の場合はどうであろうか。北野武の『アキレスと亀』（二〇〇八年）は、下手くそな絵しか描けぬ男の人生をたどり、中年期以降の主人公は監督自身が演じて、いかにも北野らしい映画である。

酔っ払った倉持利助が芸者を引き連れて豪邸に帰ってくる。利助は群馬県で製糸工場を営む資産家、若い画家の谷町《タニマチ》もしている。一人息子の名はなんと真知寿《マチス》、売れない絵描きはスポンサーの息子の絵を見て当然誉める。だが、う〜ん、ふつうの子供の絵だ、画才は感じられない。

字幕が出て、「真知寿は画家になる夢を持った。又、持たされた」と。

小学校では、お金持ちのお坊ちゃまだ、算数の時間に絵を描いていても、彼だけは先生に叱られない。ところが、蚕《かいこ》が全滅し、あわれ会社は倒産、利助は芸者と一緒に首を吊る。借金取りの怖いお兄さんたちが乗り込んでくる。指揮しているのは、それまで利助をヨイショして二束三文の絵を高値で売りつけていた画商。よくありそうな光景である。

真知寿は利助の弟、富輔の農家に預けられる。でも、兄貴は俺が困っている時には一銭も貸してくれなかったのにと、富輔は迷惑顔。真知寿の生活は一変する。叔父に怒鳴られ叩かれ、学校でも国語の時間に先生の顔を描いて、さっそく怒られる。

いつもあぜ道で絵を描いている、ちょいと頭の足りない又三と仲良くなる。又三は真知寿の絵を見て、「下手だなあ」と。正直だ。利助の若い後妻、春が崖から飛び降りる。富輔は葬式の面倒まで見させられて、憤懣《ふんまん》やるかたない。春は顔半分が血で真っ赤、その義母の顔を真知寿が画題にする。又三がバスにひかれて死ぬ。頭から真っ赤な血を出して横たわる。しかしこの映画、人がコロコロ死ぬが、悲愴感はない。絵かマンガのよう。

青年時代。真知寿は子供のころに画家からもらったベレー帽をずっとかぶっている。「真知寿は青年になった。そして画家の夢はあきらめてなかった」と字幕。新聞配達店で住み込みのアルバイトをしながら夢を追う。朝、配達の途中に川べりでスケッチを始め、新聞がまだ届いていないとクレームの電話がかかってくる。店の親父さんは、またかという顔をしながら、真知寿を叱らない。優しい。

真知寿が自分の絵を画商のところに持っていく。画商曰く、平凡な風景画だ、学校で勉強しないとダメ、一歩間違ったら銭湯にかかっている絵だ、と。直言は必要である。真知寿は美術学校の月謝を稼ぐべく、町工場で働くことにする。

近所の喫茶店のウェイトレスをモデルにしてヌードに挑戦する。マンガみたいな絵、ちょっとマチス風!?　美術学校の仲間とアクション・ペインティングも試みる。ペンキを持って自転車で、さらに自動車で壁に突っ込む。運転手が他界。屋台のおでん屋の親父が言う、アフリカで飢えて死にそうな人の前にピカソとおにぎりを置いてごらん、人間飢えてりゃ芸術なんて関係ないよ、芸術はしょせんまやかしだ。しかり、しかり。帰り道で、絶望した仲間のひとりが陸橋から飛び降りて死ぬ、頭から血を流して。毎度同じ構図。

それでも真知寿は、芸術家にあこがれている町工場の事務員、幸子にデートに誘われ、めでたく結婚。早、赤ん坊も生まれる。画廊にまた絵を持ち込む。どれも有名な画家の真似。画商は、勉強しろとは言ったが真似しろとは言ってない、しかも下手くそ、と。一枚だけ、町で見かけたオッサンの絵だけ、なんか変、でも真似よりはいい。すると、次はそのオッサンの家族を片っ端から描いてくる。同じような絵ばかり。ちょっと誉めると、それぱっかり。冒険できない。

この映画に出てくる凡庸な挿入画は、ヘッヘッヘッ、全部北野が描き溜めた絵だとか。字幕「真知寿は中年になった。しかし、相変わらず絵は売れることはなかった」。ここからビートたけし（役者としてはこの芸名）が登場する。幸子役は樋口可南子、美人の女優を嫁さん役に使っちゃって。

幸子がウサギのぬいぐるみを着て、自転車でアクション・ペインティング。画商に、生死の狭間まで自分を追い詰めてみろと言われれば、幸子がボクサーにペンキをつけたグローブで殴ってもらったり、真知寿はバスタブに顔を突っ込み、窒息寸前でデッサンしようとしたり。ついに失神して、救急車で運ばれる。よき理解者だった嫁さんも、耐えきれずに家を出ていく。はては売春している自分の娘に金を借りに行き、その娘が死ぬと霊安室で彼女の唇に、さらに顔に口紅を塗り、それを白い布に写し取る。

芸術は麻薬みたいなものである。だが、才能の見極めは大切だ。北野曰く、今の時代は何もない奴にやりたいことを見つけろとか、人には何か才能があるはずだっていう風潮がある、ふつうのサラリーマンより絵描きになる夢を持つことの方が素晴らしいと言い、それをすごく強制している、と（劇場公開時パンフレット）。アーメン！《おっしゃるとおり》

タイトルは、足の速いアキレスもカメに追いつけないとする有名なゼノンの逆説《パラドックス》から取られている。一種の詭弁だが、どうやら北野が煙《けむ》に巻いているよう。でも、速い者と遅い者の競争を問うていることはわかる。

北野はずっと、陽のあたらぬ場所にいる人間ばかりを取り上げてきた。ヤクザ、落ちこぼれの高校生、しがない刑事、聾唖《ろうあ》の恋人たち、そして三流の芸術家。テレビで毒舌を吐きまくる人気者は、しかし自分はたまたま成功しただけという意識があるのだろう。彼は売れない芸人の気持ちがよくわかる、才能なき芸術家の心情も。

ラストは隅田川の川っぷちで錆びた空き缶を二十万円で売っている真知寿に、幸子が「帰ろ」と声をかけてくる。真知寿が缶を捨て、幸子が蹴る。ヘヘエ、嫁さん、戻ってきた。こういう物語はたいてい最後に主人公が死ぬものだが、北野は真知寿を破滅させも野垂れ死にさせもしない。これからも世に認められないであろう彼に、さらに人生を続けさせる。

偽悪家の北野は否定するだろうが、彼は優しい。北野は、いまだに速き者、強きヒーロー、成功した有名人などを礼賛する二十一世紀の日本にあって、さりげなく日陰の凡人たちにエールを送りつづけている。

おわりに

本書は今年三月に上梓した『現代を知るための文学20』（国書刊行会、二〇二〇年）の、いわば姉妹篇である。二冊の原稿は並行して執筆した。手元のメモによると、二〇一六年の年明け早々から書きはじめたとあり、前著を昨秋に、また本書はコロナ禍の本格化した本年四月中旬に脱稿した。筆のきわめて遅い僕としては、四年四カ月で二冊とは、まさに最速のペースであった。

両書を同時に書いたのは、ただの遊び心からで、週刊誌の連載を何本も抱えているベストセラー作家たちがどういう風に頭を切り替えながら執筆しているのかを疑似体験したくなったからである。とりあえず前著は文学作品二十篇を、一作品につき四百字詰め原稿用紙換算でおよそ三十枚、そして今回は文学にかぎらずもろもろの書物と、それから舞台と映画の解題をそれぞれ原稿用紙六枚程度の長さで書いてみた（『東京裁判』の節だけ、どうしても短くまとまらなかった）。後者は若いころから何度も読んだ本、学生たちと一緒に議論した書物や映画、さらにはロンドンなどで見た芝居に関する僕の覚書である。

僕は、他書にも記したが、前もってテーマを設定したり、理論や仮説を唱えることはしない。すなわち、これはちゃんと精読しておきたい、またきちんと分析しておきたいと思った作品を「解題」として書く。大学院の修論やゼミの卒論指導では、「自分が作品の何をなぜ面白がっているのか、自分なりに発見した作品の魅力が、理由つきで説明できていれば、それでＯＫ」と語り、また自分自身もそういう文章ばかりを綴《つづ》ってきた。だから、論文ではなく解説ないしは漫談。学生には、「僕が原稿を書くのはプラモデルを作っているみたいなもの。あれこれ考えながら書いている時が楽しいんだ。終わったら、納戸に仕舞っておいても飾っておいても、どっちでもいい」と繰り返してきた。

それでも不思議なもので、一冊書き終わってみると、全篇を貫く何らかのテーマはそこはかとなく出てくる。理論なし、仮説なし、演繹的な論文を執筆したことなし。が、なんとなくの帰納法でものした今回の二冊、それらを並行して書いたら、な～んだ、結局同じテーマで綴っていただけだ。それは〝人間の後ろ向き性〟なる主題。

いつからかなあ、そんな重っ苦しい問題を考えはじめたのは。オニールの芝居に出演したのがきっかけか、それとも三十代半ばにイギリスで一年間を過ごし、かの老大国の人々の進歩史観のない健全さを痛感した時期からか。四十代で十年間かかった『スクリーンの中に英国が見える』では、すでに「イギリスは暗い」を真っ正面から主題として取り上げている。五十代の仕事だった『ヨーロッパを知る50の映画』（正・続）でも、ヨーロッパ大陸の映画もやっぱり暗いわと、ごく自然に繰り返している。いや、大学生のころ、授業で読まされた英文学の作品も暗澹《あんたん》たるものばかりだった。むろん当時は「なんでこんなに暗い小説や戯曲ばかり読まされるんだ」と反発したけれど。

ということで、徐々にわかってきたのは、後世に残るほどの作品はほとんど全部陰気臭いってこと、それどころか、現実をふつうに直視すれば、そもそも人生って暗くて苦いのね、と。

なのに、相も変わらぬ日本の明るさ礼賛、「清く、正しく、美しく」の道徳を振り回し、「かくあるべし」のオンパレード、同調圧力は強くなることはあっても弱まる気配なく、臭いものには蓋、ヤバいことはスウ〜ッとタブーにしてしまう。そんな精神風土を醸成する「学校」に勤めて生計を立てているわが身の慚愧《ざんき》、加害者意識！

二〇二〇年度はコロナ禍のおかげで大学の授業はすべてオンラインとなった。僕はパソコン相手にレクチャーするのは嫌だから、大人数の授業は「課題型」を選んだ。すなわち、学生たちは毎週、本を読み、映画を見て、各自の感想を書いて送ってくる。その感想を僕がまとめてフィードバックを作る。これ、学生も教員も多大なる手間暇と頭を使う、なかなか面倒臭い授業形態である。

ならば一丁遊んでやろうか。最初は顔の見えない教師に対して、おざなりの、無難な、優等生の感想ばかりが多かったペーパーを突っつき、手厳しいダメ出しをし、本音トークを仕掛けた。昨今の学生は、教員の顔を窺《うかが》いながら当たり障りのない答案を書くのが、実にうまい。その上っ面だけの、単位と成績目当ての——それも怠惰な若者ではない、むしろ学力上位の学生の——感想を、「小学生のお稽古事みたいなつまらなさ」と挑発した。リアクションペーパーには、学生たちの戸惑いと反発と……「そうか、ここは成績を気にせずに、本音を書いていい場なのね」と、若者たちの多くが納得するまで二カ月かかった。学期の後半、三カ月目はすこぶる面白かった。とてもフィードバックには載せられない赤裸々な激白も多々あり。

カミュの『ペスト』——こういう時でなければ読む気にならない暗い本——を読んだクラスでは、フィードバックのおまけに本書の原稿の何節かを添えて、その感想を求めた。『セックスボランティア』と『ピアニスト』を扱った節を読んでもらった際のやりとりの一部は以下のとおり。

ある学生――障害者のセックスの解題を読んで、「よく授業に持ってきたなあ、先生は」と一瞬思った自分がいたが、取り組んで然るべきテーマだ。それより、今まで触れてこなかったことを疑問に思う。

狩野――サンキュー！　べつに意を決してってほどではないし、そもそも昨年ゼミで『セックスボランティア』は読んだし、『ピアニスト』も何度かゼミで見せている。僕の〝見果てぬ夢〟はさ――日本はヤバいことがあると、とりあえずタブーにしてしまうだろ。何でも〝臭いものに蓋〟。〝敬遠〟なんてみごとに日本的なことばだと思う。僕は何でもふつうに話せる授業をしたいわけね。障害者の性、健常者も含めてのセックス、戦争、原発、天皇制、天皇の戦争責任、嫉妬心、劣等感、いじめ、差別、憲法改正……そんな話を恋話《コイバナ》のように、スポーツか音楽の話でもするように、笑いながらしゃべりたいわけさ。騒がず、叫ばず、もちろん美談になんかせずに。匿名でなく、お互いの顔が見えるところで、本音の肉声で、常に「自分はこう思うんだけど」って。興味本位にしない、暴露話にしない、生きていくのに大切なことを淡々と話せる社会でありたい。そういう方向に学校教育も向かわないと、いつまでもSNSのあの口汚い、暴露的で、偽悪的な、「これが、メディアも学校も語らない真実だあ～」ってまことしやかに叫んでいる声に太刀打ちできないと思うんだよ。ああいうのがはびこっているひとつの原因は、学校が建前しか教えない、大切なことを何も教えていないからだと考えるんだけど、どうだろうね。そんな話は、学生の顔が見えるゼミではずっとやってきたんだけど、今回は、学生の顔が見えない、課題型の、大人数の授業で、「ちょっとやってみようかな」って遊び心が、皆さんのリアクションペーパーを読んでいるうちに、ムクムクと湧いてきたわけさ。ヘヘッ。

以上、〝夢〟ということばが大嫌いな僕の impossible dream でした。あっ、いや、そんなにまじめに読まなくていいよ、そう簡単に日本社会を変えられるはずないんだから。人生、適当にやらないと、使命感なんか持ったら、すぐにダウンしちゃう。

いかがであろうか。我ながらチャラい文体だなあと思う。最初に文句をつけてきた女子学生の反発は、この軽薄な文体に対するものだった。しかし、毎週このフィードバックを読まされると、若者たちも慣れて（諦めて）くるわけで、まだ見ぬおっさんの挑発に乗ってやろうかという学生がけっこう出てくる。そしてひとたび出てきだすと、次々と異論、反論が飛び交うようになる。ヘヘエ、後は野となれ山となれ。

僕にとって教育はただの生業《なりわい》である。使命感だの情熱だの学生に対する愛だの、そんなウェットなものを求める日本の精神風土は、僕には合わない。何かを教えているという感覚もなし。若者たちと遊んでいるだけ、いや遊んでもらっているだけかも。けれども、長年彼ら彼女らと付き合っていて最も気になるのは、若者たちが勝手気ままに青春という〝モラトリアム期間〟を謳歌しているようにみえて、実際は心に鎧兜《よろいかぶと》を着て、いかにも窮屈そうに生きている姿である。武装解除が必要だ、君たち、心を裸にできる相手と場所を持っていないの？　それはべつに教員と教室でなくてもいいんだけど。

と、そう考えると、教室で学生たちに議論させても、本音トークになんかなるはずがない——だから、流暢《りゅうちょう》な〝プレゼン〟も英語のディベートも、仏に魂の入っていない、僕にとってはまったく面白くない、小学生のお稽古事レベルの代物でしかない——のだが、しかしリアクションペーパーには案外本心を正直に書いてくるのがまた、日本人である。ヘッヘッヘッ、教室で授業するより、オンラインの方がいいかも。ただし、それには教員の側も魂をさらすこと、学生たちの話を本気で聞く耳をもつこと、自分も返り血を浴びる覚悟を決めることが必要になってくるわけで。

さらにもうひとつ、若いころにママゴト程度のカウンセリングの訓練を受けた際に教わった貴重な心得は、「ネガティブな話題で議論する時には、コーディネーターがその場をピッと仕切る緊張感を作れることが大切。そうしないと、参加者たちはぐったりと疲れてしまうものだ」と。しかり！

今振り返ると、この本を書こうと思った動機は、東日本大震災後も一向に変わらない日本社会への憤りにあったようだ。経済最優先と夢の押し売りと絆の連呼。そこにオリンピックの東京開催が決まった。多くの人たちが楽しみにしているのに、「僕は反対！」と本音を語るのも申し訳ないので沈黙していたが、でも金臭い国家主導の夏祭りには、どうしても素直に賛同できなかった。

なので、本書は二〇二〇年秋口に出版と決めた時点で、オリンピック・パラリンピックの閉会式の翌日に上梓しようと考えていたんだけど。世の中、一寸先は闇ですな。後ろ向きのことばかりが多い今日このごろ、根拠のない進歩史観と明るい未来図はさっさと捨てた方が、少しは豊かな人生と社会を築けそうな気がしてならない。

僕の今の心境は、本文の中でもご紹介したヴァージニア・ウルフの『ダロウェイ夫人』にある一節、「わたしたちは沈没船に鎖でつながれた滅びゆく民だから……この世のすべてはつまらない冗談にすぎないけれども、とにかく各自の務めを果たしましょう」（丹治愛訳、集英社）。これがドンピシャだ、心に沁《し》みる。

原稿は大勢の友人、同僚に読んでもらい、コメントしていただいた。いつもお世話になる村田真一（ロシア文学）、國分俊宏（フランス文学）、井上優（演劇学）、押場靖志（イタリア哲学・映画）、さらに宮村敏（インド開発経済学）の各氏から貴重なご意見を頂戴した。また、先に記した、僕に会ったこともないのに本音トークに付き合ってくれたおよそ三百人の学生たちにも感謝を。友情出演してくれた妻の緑には、これから事後承諾をとるつもりだ。編集は今回も、ここぞという箇所には必ず朱を入れてくる、僕の最も信頼している国書刊行会の清水範之編集長にお願いした。

末筆ながら、医療関係者をはじめとして、さまざまな分野で社会の下支えをしてくださっている方々に心からのお礼を。お陰様で、健康のうちにまたひとつ、僕の〝プラモデル〟を完成させることができました。衷心より感謝申し上げます。

二〇二〇年八月

狩野良規

人名索引

ア

アージュロン、シャルル・ロベール　111-113
アイアンズ、ジェレミー　207
愛新覚羅溥儀　154
アイスキュロス　229
アイゼンハワー、ドワイト・D　126
アイヒマン、アドルフ　142, 145
アウグスト、ビレ　207, 210
赤坂真理　71, 73
秋山庄太郎　226
芥川龍之介　45
亜湖　58
浅井晶子　210
浅沼稲次郎　45
アタテュルク、ケマル　86
アブラハミ、ナタリー　196
阿部定　240-242
荒井晴彦　71
アラム、ロジャー　131
アルバート、エディ　200
アレン、ウディ　217, 219, 220
粟津潔　257
アンゲロプロス、テオ　221, 253, 254, 256
アンデション、ハリエット　222
アンデルセン、ハンス・クリスチャン　80, 163, 165
アントヌッティ、オメロ　255
安野光雅　211

イ

イーノ、ブライアン　27
イエス・キリスト　224
イェリネク、エルフリーデ　247
池畑慎之介→ピーター
石垣賀子　107
石川セリ　52
石川達三　53
石田吉蔵　241, 242
石田勇治　139, 143
石原裕次郎　51
一条百合子　273
伊藤整　235, 236, 238
伊藤礼　238
井上優　293
イプセン、ヘンリック　80, 81
今村昌平　93
イヨネスコ、ウジェーヌ　203, 205
入江たか子　271
岩下志麻　258-260

ウ

ヴィーゼンタール、ジーモン　145, 146
ヴィスコンティ、ルキノ　167-170, 247
ウィドマーク、リチャード　149
ウェストモーランド、ウィリアム・チャイルズ　127
ウェッブ、ウィリアム・F　153, 158
上原謙　76
ウェン、チアン（姜文）　121, 122, 124
ウォーマック、マーク　133
内田裕也　59

ウルフ、ヴァージニア　265-268, 293
ウルマン、リヴ　222

エ

エーコ、ウンベルト　85-88
エリオット、マリアン　13
エリザベス女王　201
エルズバーグ、ダニエル　127

オ

オーウェル、ジョージ　185
大川周明　153
大坂志郎　91
大島渚　240-242, 250
大森南朋　72
小笠原豊樹　39
岡野玲子　62
沖雅也　50
押場靖志　293
小津安二郎　89, 90, 92, 271
オニール、ユージーン　229-232, 288
小原宏裕　57
オリヴィエ、ローレンス　200
オリン、レナ　210

カ

ガーランド、ジュディ　149
香川京子　92
香川照之　121, 122
カストゥルバーイー　98
片桐夕子　59
加藤新吉　206
カプール、アニル　103
カポーティ、トルーマン　35-38
カミュ、アルベール　181-184, 188, 289
賀屋興宣　153
加山雄三　51, 76, 77
カリエール、ジャン・クロード　85-88
ガリレイ、ガリレオ　86
カルーセル麻紀　228
カルディナーレ、クラウディア　167, 168
河合香織　243-246
河合隼雄　17-20, 41
川本三郎　92
ガンツ、ブルーノ　210
ガンディー、マハトマ　97-100, 103, 105, 106

キ

キアロスタミ、アッバス　190, 192
キートン、ダイアン　218
キーナン、ジョゼフ・B　154, 157, 158
菊池寛　228
私市正年　111
岸田國士　164
北野武（ビートたけし）　283, 285, 286
木下惠介　93
清瀬一郎　154
キルナーニ、スニール　110

ク

工藤妙子　85
神代辰巳　53
クリフォード、クラーク　126
グリュントゲンス、グスタフ　279
グルメ、オリヴィエ　115
クレイマー、スタンリー　147
黒澤明　75-78, 221, 271
桑田佳祐　51

ケ

ゲーテ、ヨハン・ヴォルフガング・フォン　44

ゲーリング、ヘルマン　281
ケシャヴァーズ、モハマッド・アリ　190
ゲデック、マルティナ　208
ケネディ、J・F　126, 144
ケネディ、ロバート　127
ゲバラ、チェ　226

コ

コートネイ、トム　209
國分俊宏　293
コタマニドゥ、エヴァ　255
近衛文麿　152, 155, 156, 158
小林正樹　151, 155, 158
小松方正　258

サ

嵯峨千恵子　273
佐藤忠男　189, 190
サボー、イシュトヴァーン　279
サラザール、アントニオ・デ・オリヴェイラ　209
サリンジャー、J・D　41
サルトル、ジャン・ポール　44, 181
澤田謙也　122

シ

シェイクスピア、ウィリアム　40, 44, 87, 89, 187, 221, 235
シェル、マクシミリアン　148
篠田正浩　226, 257, 258
篠原慎　143
清水徹　184
ジャカン、ジュスト　240
ジャクソン、グレンダ　277, 278
シュヴァイツァー、アルベルト　275
シューベルト、フランツ　248
ジョイス、ジェームズ　88
蔣介石　123, 155
庄司薫　43, 44, 46, 49, 226
昭和天皇　151, 152, 155, 157, 158
ショー、フィオーナ　195
ジョンソン、リンドン　126
ジラルド、アニー　247
シルヴァン、カリ　222
新藤兼人　271-275

ス

スヴァーリ、ミーナ　176
周防正行　61
杉村春子　78, 90, 272
鈴木忠志　164
鈴木保奈美　62
スターリン、ヨシフ　151, 157, 261-264
スティーヴンスン、ジュリエット　194, 195
ストレーレル、ジョルジョ　171, 172, 174
スペイシー、ケヴィン　175

セ

ゼノン　286

ソ

想田和弘　21, 23
ソクラテス　68, 114
ソレル、ジャン　168

タ

ダーウィン、チャールズ　140
竹田かほり　57
竹田芳蔵　244
竹中直人　62

武満徹　156, 260
龍口直太郎　35, 37, 38
田中絹代　274
ダルデンヌ兄弟　115-118
ダレス、ジョン・フォスター　126
丹治愛　293

チ

チェーホフ、アントン　89, 91, 92, 221, 262-264
チェンバレン、リチャード　276
近松門左衛門　257, 258, 260
筑紫哲也　253, 254
千葉信男　77
チャーチル、ウィンストン　151, 152
チャイコフスキー、ピョートル　275-278
チューリン、イングリッド　222

ツ

土屋嘉男　225

テ

ディートリッヒ、マレーネ　148
デイヴィス、ピーター　125
デカルト、ルネ　182
デ・カルミネ、レナート　171
寺島しのぶ　71, 74
寺山修司　241
テレサ野田　50

ト

東条英機　152, 154, 157, 158
東野英治郎　91
ドールマン、アナトール　240
ド・ゴール、シャルル　142, 144
ドストエフスキー、フョードル　55
ドライサー、セオドア　55
トランボ、ドルトン　202
トルーマン、ハリー・S　126, 151
トレイシー、スペンサー　147

ナ

長崎暢子　97
中島節子　111
中野英治　275
中野好夫　211-214
中村鴈治郎（二代目）　274
中村吉右衛門（二代目）　258
中村伸郎　90
ナセル、ガマール・アブドゥル　145
夏目漱石　79-82
ナポレオン・ボナパルト　111

ニ

ニーチェ、フリードリヒ　182
二木てるみ　78
ニクソン、リチャード　126
蜷川幸雄　226
二宮尊徳　275

ネ

ネルー、ジャワハルラール　97

ノ

乃木希典　82
野口英世　275
野坂昭如　165, 166
ノリス、ルーファス　110

ハ

バーチ、ソーラ　175
ハウスマン、ジョン　67, 70
橋本治　57, 59
パスカル、ブレーズ　182
パゾリーニ、ピエル・パオロ　227
ハッドン、マーク　13, 14
バッハ、ヨハン・ゼバスティアン　224, 249
パテル、デーヴ　103
ハネケ、ミヒャエル　247, 250
羽矢謙一　236
原節子　90
ハル、コーデル　157
パル、ラダ・ビノード　158, 159

ヒ

ピーター（池畑慎之介）　225, 227, 228
ビートたけし→北野武
東山千栄子　89
ピカソ、パブロ　285
樋口可南子　285
ビショップ、ジョン　133
日高六郎　31
ヒトラー、アドルフ　31, 33, 139-143, 147, 148, 156, 157, 182, 205, 280
ヒムラー、ハインリヒ　143
廣木隆一　71
広瀬昌助　50
広田弘毅　158
広田静子　158

フ

ファウルズ、ジョン　39, 41
ブー、キャサリン　107, 108, 110
フォーサイス、フレデリック　143, 144, 146
フォード、ジョン　169
深沢七郎　93, 96
藤竜也　241
藤田敏八　49
藤原釜足　77
プトレマイオス、クラウディオス　86
フランク、セザール　167
フランクリン、ベンジャミン　105
フランコ、フランシスコ　209
ブランダウアー、クラウス・マリア　279
ブラント、ヴィリ　142
ブリッジス、ジェームズ　67
ブルック、ピーター　172, 278
ブレイン、ジョン　55
ブレヒト、ベルトルト　171-174, 177, 227, 259, 279
フロイト、ジークムント　31, 227, 229
フロベール、ギュスターヴ　87
フロム、エーリッヒ　31, 33-35
ブロンテ姉妹　235

ヘ

ヘアー、デヴィッド　110
ペイジ、ジェラルディン　217
ベケット、サミュエル　193, 194, 196, 203
ペック、グレゴリー　200
ヘップバーン、オードリー　35, 37, 38, 199-201
別役実　163-166, 181
ベニング、アネット　175
ペパード、ジョージ　37
ベル、マリー　168
ベルイマン、イングマール　220-225
ベルトルッチ、ベルナルド　240

ホ

ホイス、テオドーア　139
ボイル、ダニー　103, 105
ホー・チ・ミン　126
ポープ、アレグザンダー　2
ホッペ、ロルフ　280
ボトムズ、ティモシー　67, 70

マ

マーフィー、キリアン　129
マジメル、ブノワ　248
松岡洋右　156
マッカーサー、ダグラス　152, 154, 157, 158
松田英子　241
松本俊夫　225, 228
マルクス、カール　256
丸山（美輪）明宏　228
マン、クラウス　279
マン、トーマス　279

ミ

三島由紀夫　51
溝口健二　271-275
みのもんた　103
ミハルコフ、ニキータ　261-264
三船敏郎　76
宮村敏　293
美輪明宏→丸山明宏

ム

ムッソリーニ、ベニート　170
村上春樹　17, 18, 20, 35, 37, 38, 41
村上冬樹　63
村田真一　293
村野武範　50

メ

明治天皇　82
メルシエ、パスカル　207, 210
メンシコフ、オレグ　264
メンデス、サム　175, 178

モ

毛沢東　87, 123
モーティマー、ヴィッキー　195
本木雅弘　62
モランテ、ラウラ　25
森鷗外　79-82
森雅之　274
モレッティ、ナンニ　25-27
モンロー、マリリン　201

ヤ

山村聡　90
山本周五郎　75, 76
山本昌知　21-23
山谷初男　51
ヤンダ、クリスティナ　280

ユ

ユペール、イザベル　247, 249

ヨ

吉田茂　154
依田義賢　272
淀川長治　228
ヨナソン、アンドレア　172

ラ

ラヴァティ、ポール　131
ラッセル、ケン　275, 277
ラッセル、バートランド　185-188
ランカスター、バート　147
ランプリング、シャーロット　208

リ

リー、クリストファー　209
笠智衆　89

ル

ルーズベルト、フランクリン・D　157

レ

レヴィ・ストロース、クロード　44
レニエ、ジェレミー　115
レノン、ジョン　226

ロ

ローチ、ケン　129-136, 221
ロシュマン、エドゥアルト　144-146
ロレンス、D・H　235-238, 246, 277

ワ

ワイラー、ウィリアム　200, 201
若松孝二　71, 240, 241
ワグナー、リンゼイ　68, 70

作品名索引

ア

愛の嵐　208
愛のコリーダ　239-241, 250
愛の風景　210
赤頭巾ちゃん気をつけて　43, 46, 226
赤ひげ　75, 76, 78
赤ひげ診療譚　75
アガメムノン　229
アキレスと亀　283
悪人礼賛　中野好夫エッセイ集　211
阿部一族　82
アポロンの地獄　227
アメリカの悲劇　55
アメリカン・ビューティー　175, 177, 178
嵐が丘　200
ある映画監督――溝口健二と日本映画――　271
ある映画監督の生涯――溝口健二の記録　271
ある子供　118
アルジェの戦い　111, 113
アルジェリア近現代史　111
アレクサンダー大王　253
あわれ彼女は娼婦　169

イ

イゴールの約束　115
慈みの女神たち　229
いつまでも美しく――インド・ムンバイのスラムに生きる人びと　107, 109, 110
異邦人　181
今ひとたびの戦後日本映画　92
インテリア　217, 220

ウ

ヴァイブレータ　71
雨月物語　274

エ

永遠と一日　210, 253
エマニエル夫人　240
エレクトラ　169

オ

大いなる西部　200
興津弥五右衛門の遺書　82
オデッサ・ファイル　143, 144, 146
鬼が来た！　121
オリーブの林をぬけて　189, 190

カ

過去の克服――ヒトラー後のドイツ　139, 149, 153
かもめ　89
カリギュラ　181
ガンジー　97
ガンディー――反近代の実験　97
完訳　チャタレイ夫人の恋人　235, 238

キ

機械じかけのピアノのための未完成の戯曲　262

ク

熊座の淡き星影　167
供養する女たち　229
狂った果実　51

ケ

現代を知るための文学20　287

コ

恋する女たち　277
恋人たちの曲／悲愴　275
幸福論　185
ゴドーを待ちながら　193
コレクター　39, 42, 46

サ

犀　203, 206
叫びとささやき　221, 248
さよなら怪傑黒頭巾　46
山椒大夫　82
三四郎　81
三文オペラ　174

シ

しあわせな日々　193, 194, 196
シーシュポスの神話　181, 184
地獄の黙示録　125
七月四日に生まれて　125
ジャッカルの日　144
自由からの逃走　31, 32, 41
心中天網島　257

ス

スクリーンの中に英国が見える　97, 288
スラムドッグ$ミリオネア　103, 106, 107

セ

青春の蹉跌　53
精神　21, 24, 25
青年　79-81
セチュアンの善人　171
セックスボランティア　243, 290
戦後短篇小説再発見2　性の根源へ　166
戦場のメリークリスマス　93
戦争の犬たち　144

ソ

続ヨーロッパを知る50の映画　288
即興詩人　80
存在の耐えられない軽さ　210

タ

太陽に灼かれて　261
太陽の季節　51
滝の白糸　271
旅芸人の記録　253, 255
ダロウェイ夫人　265, 266, 268, 293

チ

父帰る　228
チャタレイ夫人の恋人　236

長距離ランナーの孤独 209

ツ

椿姫 44
罪と罰 55

テ

ディア・ハンター 125
ティファニーで朝食を 35, 38
テンペスト 40

ト

東京裁判 147, 151, 157
東京物語 89
動物農場 185
年上の女 56
飛び出せ！青春 50
トレインスポッティング 105

ナ

中野好夫集 211, 213
楢山節考 93

ニ

虹 236
ニュールンベルグ裁判 147, 156

ハ

ハーツ・アンド・マインズ 125
白鳥の歌なんか聞こえない 46
八月の濡れた砂 49, 51
薔薇の葬列 225, 257, 258

ヒ

ピアニスト 247, 290

フ

ファウスト 280, 282
ファンシイダンス 61
笛吹川 93
プラトーン 125

ヘ

ペーパーチェイス 67
ペスト 289
ベスト・オブ・イヨネスコ 206
別役実戯曲集 マッチ売りの少女／象 166
ベニスに死す 169
ベルリン・天使の詩 210
ペレ 210
ベン・ハー 200

ホ

ぼくの大好きな青髭 46

マ

マッチ売りの少女（アンデルセン） 165
マッチ売りの少女（野坂昭如） 165, 166
マッチ売りの少女（別役実） 163, 164, 166, 170
マラー／サド 278

ム

麦の穂をゆらす風 129, 132, 133

息子の部屋　25, 27
村上春樹、河合隼雄に会いにいく　17

メ

メフィスト　279

モ

毛主席語録　87
もうすぐ絶滅するという紙の書物について　85
喪服の似合うエレクトラ　229, 230
桃尻娘　ピンク・ヒップ・ガール　57, 59

ヤ

山猫　167

ユ

夢判断　31
ユリシーズの瞳　253

ヨ

楊貴妃　271
ヨーロッパを知る 50 の映画　288
善き人のためのソナタ　208
夜中に犬に起こった奇妙な事件　13

ラ

ライ麦畑でつかまえて　41, 46
ラストタンゴ・イン・パリ　240

リ

リスボンに誘われて　207
リスボンへの夜行列車　210

ル

ルート・アイリッシュ　133
ルーム・アット・ザ・トップ　55

ロ

ローマの休日　199
ロゼッタ　118

ワ

ワーニャ伯父さん　92
ヰタ・セクスアリス　81
若き友人たちへ　254
若者のすべて　247
我等の生涯の最良の年　200

著者略歴
狩野良規（かのう よしき）
一九五六年東京都生まれ
東京外国語大学外国語学研究科修士課程修了
東京都立大学人文学部（史学専攻）卒業
オックスフォード大学留学（一九九一—九二年）
現在 青山学院大学国際政治経済学部教授
専攻 イギリスおよびヨーロッパ文学・演劇学・映像論
主な著書
『シェイクスピア・オン・スクリーン』（三修社）
『スクリーンの中に英国が見える』（国書刊行会）
『ヨーロッパを知る50の映画』正・続（国書刊行会）
『現代を知るための文学20』（国書刊行会）

ポジティブシンキングにならないために

二〇二〇年十月十二日初版第一刷印刷
二〇二〇年十月十九日初版第一刷発行

著者 狩野良規
発行者 佐藤今朝夫
発行所 株式会社国書刊行会
東京都板橋区志村一—十三—十五 〒一七四—〇〇五六
電話〇三—五九七〇—七四二一
ファクシミリ〇三—五九七〇—七四二七
URL：https://www.kokusho.co.jp
E-mail：info@kokusho.co.jp
装訂者 鈴木正道（Suzuki Design）
印刷所 創栄図書印刷株式会社
製本所 株式会社ブックアート
ISBN978-4-336-07165-1 C0090
乱丁・落丁本は送料小社負担でお取り替え致します。

現代を知るための文学20

狩野良規

四六判／四四八頁／二六〇〇円

「で、先生、いったい文学って何なんでしょう？」飲み会での学生の一言から、根源的な問いへの答え探しが始まった。エンタメとはひと味違う本を読みたくなった時のプロモーション・ブックにして攻略本。

ヨーロッパを知る50の映画

狩野良規

四六判／三七二頁／二四〇〇円

ヨーロッパ映画を丸かじり！　北欧から南欧、東欧から西欧まで、ハリウッド映画とは異質な、五十本のヨーロッパ映画をとりあげ、銀幕の中からヨーロッパ的な世界観をあぶり出す、痛快無比の映画評論。

続ヨーロッパを知る50の映画

狩野良規

四六判／三八六頁／二四〇〇円

ヨーロッパはやっぱり歴史！　古代から中世、革命の世紀、二度の世界大戦と冷戦、ベルリンの壁崩壊を経て9・11まで、銀幕に浮かび上がるヨーロッパの歴史とそこに脈打つ魂に思いを致す、大胆不敵な映画評論。

スクリーンの中に英国が見える

狩野良規

A5判／五七八頁／四五〇〇円

ハリウッドとはまったく異質の伝統を有する「イギリス映画」を通して、イギリス人に特有の価値観を探り、イギリスの歴史を学ぶ、楽しく読めて、ためになる画期的映画評論。図版八十点収録。

税別価格。価格は改定することがあります。